活动 1-2 掠影

活动 1-3 掠影

活动 2-1 掠影

至上教育　幼儿园教师胜任力培训丛书

FIRST EDUCATION

幼儿教师
基本功

mei
shu

爱上
美术

李慰宜◎主编

华东师范大学出版社
·上海·

图书在版编目（CIP）数据

幼儿教师基本功：爱上美术／李慰宜主编. —上海：华东师范大学出版社，2016.6

ISBN 978-7-5675-5366-8

Ⅰ.①幼⋯ Ⅱ.①李⋯ Ⅲ.①美术课-幼教人员-教师培训-教材 Ⅳ.①G613.6

中国版本图书馆CIP数据核字（2016）第141749号

幼儿教师基本功：爱上美术

主　　编　李慰宜
项目编辑　蒋　将
审读编辑　郑　月
责任校对　陈　易
装帧设计　俞　越

出版发行　华东师范大学出版社
社　　址　上海市中山北路3663号　邮编 200062
网　　址　www.ecnupress.com.cn
电　　话　021-60821666　　行政传真 021-62572105
客服电话　021-62865537　　门市（邮购）电话 021-62869887
地　　址　上海市中山北路3663号华东师范大学校内先锋路口
网　　店　http://hdsdcbs.tmall.com/

印 刷 者　常熟市文化印刷有限公司
开　　本　787×1092　16开
印　　张　7
插　　页　2
字　　数　103千字
版　　次　2017年2月第1版
印　　次　2021年1月第3次
书　　号　ISBN 978-7-5675-5366-8/G·9598
定　　价　35.00元

出 版 人　王　焰

　　大家都知道我们学校有一个"爱上课俱乐部"。其实"爱上课俱乐部",是我们对这个组织的美称。在我们学校,它有一个专门名词,叫作高级研修班。但是我们不愿意叫这个名字,这个名字是我们注册的时候写的。我们都叫它"爱上课俱乐部"。为什么叫它"爱上课俱乐部"呢?因为我们做的就是我们最喜欢的幼儿园教师的实践研究。在"爱上课俱乐部"里,有一个美术工作坊,我们每两年会围绕一个项目开展专题性的教研和实践研究。

　　在上一轮的培训里面,基于当时刚颁布的《3—6岁儿童学习与发展指南》(以下简称《指南》),围绕着艺术教育中美术目标的学习和解读,我们共同探讨了怎样让美术活动更情景化,如何来解决美术技巧、范例和示范的问题,以及如何理解活动区教学和集体教学的关系。我们已将这些内容汇编成集,出版了一本书,叫作《美术活动这样做》,由华东师范大学出版社出版。如果老师们有这本书,我希望你们翻开来看一看。通过这本书,大家可以了解我们两年前在做什么。

　　之后的两年,我们又做了什么事情呢?就是在学习了《指南》的基础上,致力于研究如何把《指南》的精神贯彻到教育实践当中。我们认为需要回归到源头,解决以下三个问题:

　　第一个问题,学科课程跟主题课程的差别究竟在哪里?在传统的学科课程里面,有美术教学吗?有。那么现在开展的主题课程里有美术教学吗?也有。但是教学的方式体现了施教者的价值观。同样的教学内容,在学科课程里面,是怎么做的;在主题课程中，又是怎么做的，应该说有很大的区别。这个区别在哪里呢？

第二个问题，也是大家很关心的一个问题，就是关于技能、技巧要不要教，怎么教的问题。现在有很多的美术活动或者音乐活动都非常忌讳提技能、技巧，认为一提技能、技巧，就会被划归为传统教学。但是这些活动又离不开技能、技巧。那么在美术活动里，技能、技巧究竟是怎么一回事呢？在教与不教这个问题上，似乎存在对立的两派观点：一派主张要教，不教的话孩子学不会；另一派主张不要教，让孩子自由探索。

我个人认为，其实上述这两派所持观点是一样的。他们的观点都是基于技能、技巧只能通过灌输来让孩子掌握。前者认为只能灌输，不灌输孩子就不会，所以一定要教。第二派也是认为技能、技巧只能靠灌输，不灌输孩子就不会，为了不灌输所以不要教。那么我们今天提一个问题：能不能不灌输就让孩子学会？如果"教"是不灌输技能、技巧，让孩子们自己会探索的话，那么教又有什么关系呢？带着这个问题，请老师们认真阅读本书中的每一个活动，同时思考这些活动里面有技能、技巧吗？这些技能、技巧是不是一定要教呢？是不是一定要把孩子视为"容器"呢？如果不把孩子当"容器"，我们又该怎么做呢？我想这个问题是关乎解放我们孩子创造性的关键问题。

第三个问题，关于活动区。在已出版的《美术活动这样做》中，我们对此已经有所涉及。在这本书中，我们会加深对活动区的探讨。经过本书编写团队的数次讨论和推敲，在本书中集体教学方式的活动教案与活动区的活动教案呈现两种不同的体例。但是，这并不是说这是两种对应的教学方式。恰恰相反，我们以这种区分的表达方式来强调和请老师们思考以下这些问题：活动区与集体教学到底是什么关系呢？活动区是集体教学的铺垫或延伸吗？这两者的区别是什么？他们之间是怎样互相推动的？我的回答是：活动区既不是集体教学的铺垫，也不是集体教学的延伸；它们是在某个主题中的不同学习方式。

老师们去想一想，看一看本书第一讲的三个活动。前面两个活动都是集体教学，它们可能是活动区活动吗？在这个活动区的活动开展之前需要集体教学吗？或者在活动区活动开展后是不是可以有或需要有集体教学呢？今天的这个活动，到了活动区里面，怎么让环境说话，让材料说话，让方法说话呢？幼儿在活动区里面的动机是什么呢？在集体教学里，老师的动机又是什么呢？我想这些问题也是我们平常经常会遇到的问题，今天作为问题提出来。随后请各位老师结合第一讲的研讨内容深入思考。

之后的第二讲重点来讲凸显内容价值的美术活动的特点、过程与方法。第三讲会跟大家一起探索怎么来解决技能、技巧的问题。第四讲聚焦美术活动中的教与学，通过展示将折纸、剪纸等方式融入活动区教学的课例，深入探讨有关活动区的具体教学策略。最后的第五讲，聚焦主题课程中美术活动的设计。在这部分内容中，我们会展示我们的活动区，当我们展示活动区的时候，请老师们再一次思考，这些活动区和之前我们看过的集体教学活动到底有什么联系？可以说，全部都是有联系的，这就是我们在本书中精心设计的一个完整内容架构，便于老师们与我们一起探索。

总目录

详细目录

---

* 经过编写团队的数次讨论和推敲，在本书中集体教学方式的活动教案与活动区的活动教
  案将呈现两种不同的体例。

详细目录

第二讲：凸显内容价值的美术活动的特点、过程与方法

第三讲：让幼儿在美术活动区玩起来

详细目录

第四讲：美术活动中的教与学

第五讲：主题课程中美术活动设计的探讨

第 讲
幼儿
美术教育的
价值取向

　　此讲主要内容是通过展示按不同年龄段（小、中、大班）结合不同教学形式（小组、集体和活动区）的三个活动，了解幼儿美术教育在学科课程和主题课程两种课程模式中的价值取向，深入理解两种课程模式在处理内容和形式上的差异及在课程实施中所表现出的不同教学过程和结果；继而倡导秉持形式为内容服务的现代主题课程观，使美术表现方法为加深幼儿对表达内容的体验服务。

活动 1-1　不起眼的小石头（大班集体教学）

执教　　陈　琦

活动目标 ··

1. 关注建筑材料中的小石头,发现城市建设中的艺术美。

2. 能选择自己喜爱的生活内容,将石头与各种材料组合,与同伴共同创造石头墙。

活动准备 ··

1. 图画书;《好神奇的小石头》部分图片;

2. 各种颜色的石头;

3. 炫彩棒、彩色水笔、白色正方形KT板。

活动过程 ··

一、观察回忆

1. 看一看石头的形状和颜色,说一说它们在城市建设中的用途。

2. 让幼儿了解:

在我们的城市里到处可以见到小石头,人们时常从它们铺成的路上走过,从它们盖成的房子边经过,可是它们实在太不起眼了,很多人并不留意。

3. 观察图画书作品,引导幼儿思考:

（1）小石头来到幼儿园,看到蜡笔,它想和蜡笔一起完成一幅美丽的图画,它们能做到吗?

【关键指导语】蜡笔来帮忙,小石头会发生怎样神奇的变化?

（2）刺猬:刺猬的什么地方是用小石头组成的,什么地方是蜡笔画的?

【关键指导语】小石头变成了刺猬的哪个部分?

（3）汽车：小石头想变汽车,它能变成汽车的哪一部分？蜡笔可以帮它添上些什么？

（4）蘑菇：小石头在哪里？哪些地方是蜡笔画的？

（5）小石头好高兴,它发现有了蜡笔帮忙,什么图画都能画出来。

二、拼搭添画、创造表现

今天小石头来到我们大三班,我们也让它变成各种各样的图画,好吗？

1. 每个幼儿各自设想一个主题,然后选择一块石头放上去;

2. 彼此间交流初步的设想,说说石头是画面的哪一部分;

3. 用双面胶将石头固定在画面上;

4. 添画其他内容;

5. 为自己的作品起名字。

三、合作拼搭一面神奇的墙

以一位幼儿的作品为起点,介绍其名称,并把它放进墙内,然后逐一放入其他作品,最后组成一面石头墙。

想一想

a）拼搭主题墙时，名称与作品的关系是什么样的？

b）这个活动被设计为九人一组的小组活动，为何是九个人？若不是九人，还可以是几个人？有其他的形式吗？

自 评

这是一个创意美术活动,叫"不起眼的小石头"。这可能与大家以往接触到的活动有所不同,今天想跟大家分享一下我的两点感受。

第一点是:实施时要考虑教学计划的主题背景。本来我们石头题材的绘画活动是在中班下学期"虫虫王国"的主题活动中展开的,最合适的教学季节是临近暑期,但如今是春暖花开的日子了,因此现在这个季节我们觉得不是特别合适。目前教学计划中设有城市的主题，因而在活动策划时我们在想同样的题材、同样的材料是不是在城市的主题当中也能开展。我们商量的结果是可以的。因为在城市的主题当中，我们的孩子和老师经常会关注一些大型的建筑物，比如像老房子、新建筑、马路等等。孩子们可能会对这些建筑是怎么样被建造出来的感兴趣，于是我们就希望能将泥、沙还有小石头这些平时很不起眼的、很自然的材料带入孩子们的视野。所以我们就用小石头这个很常见的、但平时孩子可能会忽略的材料设计了这个活动。总之，这里分享的第一点即单个活动要和当下班级的主题活动相结合，不能脱离主题。

第二点我想和大家分享的是如何引导孩子们学会用石头来进行创意绘画。在活动的实施过程中，并没有规定孩子一定要画什么内容，预留给孩子的创作空间是很大的：想让石头变成什么，石头就会变成什么，所以在开始时没有对内容的限定；在后半部分用石头进行绘画的活动中，有的孩子画的是一些自然的场景，如花园、山坡，也有孩子画了一些自己平时玩耍的场景，如马路、汽车。这是孩子们第一次尝试创意绘画。整个活动开展下来，我们会发现孩子们传递出许多信息。在今后的活动拓展设计中，可以用一幅石头画作品作为基础，来创造出一面石头墙。例如有的孩子画的是马路，那我们的城市当中也有马路，教师就可以用"马路边还有什么呢？"这样的提问引导孩子们进行更多的创作。如果是花园，教师可以引导孩子从现实的花园出发，绘成各种各样的花，这样我们就能有一个五彩缤纷的花园墙。以此类推，同样的方法可以有不同的内容。孩子会很感兴趣，教室里也会有一堵不断变换主题内容的石头墙。

活动展示

活动 1-2　数数花瓣知多少（中班集体教学）

执教　　徐　进

活动目标 ....

1. 知道春天是鲜花盛开的季节,发现花朵颜色和形状的千变万化。

2. 能通过变换花朵的颜色和花瓣的数量,表现春季花儿盛开的美丽景色。

活动准备 ....

1. 放大的单朵花朵的照片和图片以及相应的PPT;

2. 软木塞、数种水粉颜料、小毛笔、海绵、小毛巾;

3. 淡黄色画纸。

活动过程 ....

一、欣赏谈论

1. 欣赏各种花卉的照片、图片,说说花朵各不相同的颜色。

2. 选择数朵花,数数它们各有几瓣花瓣。

二、操作示范

1. 共同选取一朵花的照片或图片,数一数它有多少花瓣。

【关键指导语】它是几瓣花?

2. 教师先示范操作:用软木塞敲印花蕊,边画边对照实际花朵的颜色和花瓣的数量,用小毛笔画出花瓣(用小朋友"站位"的比喻方式来向幼儿解释敲印时的位置)。

(1)将软木塞沾水,在颜料盘上抹一抹、揉一揉。

(2)选择敲印第一朵花的位置。

(3)蓝色的小花说,我站中间,别的小花只能站旁边。这次我往旁边让一让,大家站在一起很高兴。

（4）五瓣花瓣，你们帮我一起数哦！提醒我哦！这花瓣是胖胖的，还是瘦瘦的？

3. 接着在花瓣下添画花茎、叶子和小草。

【关键指导语】

a. 一朵花能不能直接放进花坛？

b. 我们都观察过，小花都有花茎和叶子。

c. 这朵小花长了几片叶子？

想一想

提示"往旁边站位"，即提示幼儿敲印时第一次先敲在旁边的位置，这样做的目的何在？你是怎么想的？

三、创造表现

学当小园丁，试着种花

1. 按自己的意愿选取花朵的照片；

2. 边画边对照，先用软木塞敲印花蕊，再找对应的颜料用小毛笔画花瓣，可以同时画数朵相同的花，也可以画数朵不同的花；

3. 边画边探索怎样使用毛笔变换花瓣大小；

4. 用小毛笔添画花茎和茂盛的叶子，画完后把它种进模拟的花坛里。

四、分享交流

1. 看图找花：对照图片让幼儿找出小花园中有哪些花；

2. 为每一个花园选一朵花，数数这朵花有多少花瓣。

自　评

经过一个寒冷的冬季，当春天渐渐来临，幼儿有更多的时间来到户外，走近大自然，感受春天的气息。此时，他们虽然会说春天来了，但他们尚不能理解春天这个抽象的概念，只有通过实际的生活体验,用眼睛看、耳朵听、鼻子闻、用手去触摸等全身心的感受,他们才会真切地认识到春天。这是一个有些漫长又充满欢乐的过程,几乎每天幼儿都会发现大自然在发生着惊人的变化。艺术活动就是追随着幼儿的视线,为他们展开一幅美丽的画卷。

这次开展的活动要求如下:

1. 通过各种感官体验,关注自然环境的变化,感受春天的季节特征;

2. 以各种艺术表现方式展现春季的美丽。

"三八国际妇女节"是早春的第一个节日,也是妈妈们的节日,因而对孩子们来说特别亲切。康乃馨虽然不是专属于春天的花卉,但那是献给母亲的花。所以当春天来临时,康乃馨也随着"三八国际妇女节"来到幼儿身边,拉开了春天的帷幕。

三月以后天气渐暖,各种花卉争奇斗艳、竞相开放,展现出一派欣欣向荣的景象,带来了十分动人的春天气息。幼儿虽然说不出几种花卉的名称,但也会为五彩缤纷的花朵所吸引,教师应不失时机地利用一些机会,引导幼儿找一找从泥土里钻出地面的小草,从树枝上冒出的嫩芽,路边不经意间开出的野花,从而发现大自然的奇妙变化。他们会从中感受到春天带来的变化越来越多、越来越明显,其中,最能引起幼儿关注的就是在幼儿园的花园里、屋前屋后、绿地或街道边处处都能看到的姹紫嫣红的花朵,这些成了幼儿眼中印象最深刻的画面。教师可以在桃花、樱花、郁金香、白玉兰、油菜花等花卉盛开的时节和幼儿一起观赏,也可选择一些花季较长的花草装点自然角,更可以和幼儿一起找找那些不知名的野花,细细观察比较,引导幼儿发现花卉之间形与色有哪些明显的差别。

为了让幼儿画出各不相同的花朵,教师首先应引导幼儿爱花,喜欢欣赏、观察花。为做到这一点,教师必须引导幼儿从对花的直接观察入手,但是让幼儿去仔细地看花的花蕊,花瓣的颜色,显得很乏味。为适应幼儿的特点,可以让幼儿一起来数数各种花朵的花瓣究竟有多少,以此提高他们观察的兴趣。

教师最初可利用各种机会引导幼儿观察他们周围陆续开放的花卉,从一些比较容易数清花瓣数量的花卉入手,之后把这些花卉拍成照

插图1:活动室中与幼儿活动融为一体的大师作品

片,和仿真花一起放在活动区里,按花瓣数量布置花坛,使幼儿在不断地观察比较中,发现各种花卉的不同。

在幼儿画花朵的时候,教师也应鼓励他们参考花的照片或仿真花,通过认真地观察比照着画,从而改变用一种符号去画花的模式。让幼儿大胆表现个人的观察,可以使幼儿渐渐摆脱固定样式的束缚。此外,教师也应打破常规教学做法——围着圆圆的花蕊让幼儿不断数花瓣——引导幼儿表现出自己的认识和独特的感受,逐步养成认真观察的习惯。这时,我们会发现小朋友的表现是大人无法企及的;这种美术表现方式与按老师的要求追求逼真的写实效果或临摹既有作品有着根本区别。有些教师会直接使用从网上下载的花卉照片,但必须注意一定要选幼儿接触过的、有印象的照片,否则偏离幼儿日常生活经验,会失去其教学意义。

插图2:幼儿画的小花园

春天也是种植的时节,教师可引导幼儿一起学做小园丁,在花盆里或房屋边撒下花种,种植一些草本的花卉,例如牵牛花、太阳花等容易成活的花卉。在种植前教师必须向幼儿介绍这些花卉的特点,通过指导幼儿观察图片或照片,让他们了解这些花开花的模样,使幼儿带着一份期待去照顾它们,并渐渐学会有目的地观察植物的生长。除了绘画以外,教师也可以教幼儿运用剪纸的方法剪草地、剪花朵——将一张彩纸对折再对折,重复剪斜线就成了一片草地;剪去两角就变成四

插图3和4:同样的花,却画有不一样的形和色,反映了幼儿对花的不同感受和他们不同的个性

瓣花,将四瓣花多次弯曲或剪去部分或重叠还可以变换出各种不同的花形。对幼儿来说这些用彩纸剪出来的花朵装饰性特别强,完全换了一种表现的方法,给幼儿带来了新鲜感。如果将剪纸花粘贴在吸管上,插在花泥里,还可布置成一个小花园。

插图5和6:剪纸花插成的小花园

插图7和8:幼儿在玩"植树""找花"的游戏

活动 1-3　吃火锅（小班活动区）

执教　　马叶佳

活动要求* ....

1. 感知冬季的寒冷，体会吃火锅会使身体暖和起来。

2. 在涂涂画画中分辨不同食物的形状。

活动环境 ....

1. 纸盒做成的模拟小火锅炉灶、锅子、漏勺、纸盘、小勺等；

2. 各种火锅食材的照片。

活动材料 ....

1. 分别放在纸盘里的圆形、方形和半圆形纸片；

2. 黄色（土黄）、红色（玫红色）炫彩棒；

3. 其他材料：可供继续制作火锅食材的绿色皱纸、细布条等。

活动流程 ....

一、观察火锅食材的照片，分辨图形纸片，想象可以用图形纸片代替哪些食材，如方方的油豆腐、午餐肉，圆圆的肉丸、鱼丸，半圆形的蛋饺、萝卜片等。

二、模拟涮火锅

1. 取一小火锅炉灶，放上火锅锅子。

2. 想象圆形、方形、半圆形的纸片分别是什么食材，涂上对应的颜色：

（教师展示一盘圆形纸片）提问：这是什么？由幼儿将之想象为肉丸、鱼丸等。继续提

---

*经过编写团队的数次讨论和推敲，在本书中集体教学方式的活动教案与活动区的活动教案将呈现两种不同的体例。

问：它是什么颜色？让幼儿在一片圆形纸片上涂一涂,再放进锅里去煮一煮。

（教师展示一盘方形纸片）提问：这是什么？由幼儿将之想象为豆腐、午餐肉等,并在方形纸片上涂上颜色,也放进锅里去煮一煮。

（教师展示一盘半圆形纸片）提问：这是什么？由幼儿将之想象为萝卜、蛋饺等,并在半圆形纸片上涂上颜色,也放进锅里去煮一煮。

3. 爱吃什么拿什么,都来涂一涂,统统放进锅里去。

4. 按一下绿色开关,给煤气灶点上火,盖上锅盖煮一煮:"咕噜噜","咕噜噜"……

5. 一段时间后,想象闻到了香味,打开锅盖,食物熟了,可以开吃咯! 让幼儿拿一个漏勺和一把勺子,从自己的锅里舀出食物;教师提醒幼儿:"吹一吹,小心烫哦!"然后让幼儿说说吃到了什么,味道怎样。

【关键指导语】我们找什么来帮忙？

6. 幼儿吃饱了以后,按一下红色按钮关上火,把餐具收进锅里,食材倒进垃圾箱。大家一起搓搓手、摸摸脸,感觉好暖和,下次再来吃火锅。

观察与引导

1. 激发幼儿对分辨各种食材的兴趣,指导他们联想各种食材的味道,在选取图形纸片时引导幼儿想象对应的食材,适时增减火锅样品图片和图形纸片;

2. 联系日常情景开展活动,在活动过程中观察幼儿是否出现不符合情景的行为,例如:把手直接伸入锅中、将已经吃过的食材又放进锅里等,若出现,教师要及时运用语言提示进行引导;

3. 放置的材料是否有利于幼儿有顺序地操作和整理,哪些地方还可进一步调整。

延续

1. 把绿色皱纸撕成一条一条的,将之想象成蔬菜,加到火锅里,煮一下,再舀起来尝一尝。

2. 学着用细布条打百叶结,放进火锅里。

想一想

这个活动的核心价值是什么？仅仅是教会幼儿识别食材的颜色和形状吗？若是第一次活动,教师是否需要介入？

自　评

今天我们在小班开展的吃火锅活动,来源于这样一个设想:通常在冬天的时候大家都很喜欢吃火锅。吃火锅跟平常的进餐方式不太一样,它带有一点自助餐的形式。平常涮火锅的食材都是一些半成品,需要大家各自挑选喜欢的食物,放进锅里煮熟了以后才可以吃。所以,大多数的孩子都很喜欢跟着自己的家人一起去吃火锅。我们发现,这样一种又好吃又好玩的聚餐形式也是幼儿乐于模仿的活动内容。

在这个活动中我们提供了一个模拟火锅,可供涮的半成品选择了孩子比较熟悉的一些食材。那些形状也是小班幼儿比较熟悉的,分别是圆形、半圆形和方形。在活动前,我们会在活动区中提供一些食物的样品,因为对小班孩子来说,光看图片他们并不能直接感受食材的形状和颜色,如果事先在活动区提供一些实物,让他们近距离地观察和接触,然后再过渡到照片,孩子们的感受会更加真实。因为事先有了活动区的提前认知准备,所以在今天的活动当中,大家看到我们就直接展示了一幅幅食材的照片。老师通过引导幼儿认知这些食物的照片,让幼儿分辨它们的名称、颜色和形状,比如说白色圆形的是鹌鹑蛋,黄色半圆形的是蛋饺等等。然后在活动中引导孩子有意识地去选择相似的颜色来进行涂色,并模拟将食材放进火锅里煮熟的这一动作。

孩子们在模拟品尝的同时,还可以一边想象自己在品尝一些好吃的东西,一边自然而然地去熟悉它们不同的名称、形状和颜色。大家可以看到在活动过程当中,孩子不会说我要吃一个圆圆的什么、方方的什么,当他眼睛看到这些形状的时候,他会自然地产生联想,比如看到方形的纸片他就会说我要吃午餐肉,我要吃冬瓜片,我要吃油豆腐等;对着圆形的纸片他就会说我要吃肉丸,我要吃鹌鹑蛋等。这些都非常自然地来源于孩子的生活经验。

此外,活动中我们特意提供了纸做的炉灶和锅子,还有勺子。目的是为了通过重现真实的生活场景来提高活动的趣味性。孩子们在操作过程中觉得是在玩,就像角色扮演游戏一样,然后随着活动的推进,我们根据孩子表现出来的需求,可以不断地去补充新的食物。

仿照今天大家看到的这样一个活动区活动,之后回到活动室里,老师也可以提供一些材料让孩子们尝试制作更多的食材。比如说提供布条,让孩子学着打一个简单的活结,做成

"百叶结"，然后可以用一些彩泥做一些"藕片"，或者是将一些皱纸搓成小盘子，这样可以让孩子尽情尽兴地去体验一下吃火锅取暖的乐趣。今天在活动现场我也感受到孩子们还没有体会够，所以我觉得这个活动区活动还是可以延续的。不过随着天气越来越热，它可能就不太合适了。我们建议在小班下学期，也就是进入冬季的时候，尤其是在快过年的这样一个时段开展这个活动最合适。

活动评析

我们常常讲要"引发儿童感受美和表现美",但在具体实施时,往往将这"感受美"和"表现美"当作两件事情分开做。比如我们带孩子去春游的时候,认为是在给幼儿美的感受,在开展美术活动时是教幼儿美的表现形式或方法。这种将感受和表现分离的教学方式,会让幼儿误认为生活与艺术表现互不相干。因此,我们一定要规避将幼儿审美感受和艺术表现分离的教学方法,让幼儿体会到美术活动是能把自己感受到的事物直接表现出来的表达方式。

第一个活动"不起眼的小石头"——变方法在先为内容在先

在"不起眼的小石头"活动中,我们就是这样去思考的。关于"不起眼的小石头"这一活动有两种提问方式,一种问法是:"石头能够变成什么?"这就是我们说的艺术表现方法,叫作"借形想象",我想老师们都很熟悉。让幼儿借助观察这块石头,想象它可以变成什么图像,再围绕想象出来的图像构想相关的内容。也就是先方法后内容,内容为方法服务。我们曾看到很多幼儿没有想法,心里空荡荡地对着石头苦思冥想,想了半天也没想出要将石头变成什么。

今天我们的问法是:"你现在想要画什么?哪些地方可以用石头来替代?"幼儿先想的不是这块石头,而是他乐于表现的是什么内容,所以幼儿马上行动起来,至于石头可以放在画面上哪个部分,完全不需要教师干预。幼儿会发现不起眼的小石头帮他们减少了许多涂色造型的时间,每个幼儿都画得很轻松很尽兴。这就是先内容后方法,方法为内容服务的成效。

最后,教师为什么邀请九位幼儿参加这个活动呢?看到后面,大家发现原来是为了组成一面九宫格的墙。那么,有没有可能不是九个人呢?不是九个人的话,可以是几个人?答案是十二个人、十六个人、二十五个人、三十六个人,还可能是四个人!

这是幼儿第一次做石头墙,所以教师没有设定共同的内容,而是让幼儿按自己的爱好选择内容。当幼儿了解了做主题墙的方法以后,他们在活动区里既可自由结伴,选定内容,也可以按教师确定的名称做主题墙,更可以把不同的画面重新组合成新的主题墙。让幼儿尝试不同的方法,举一反三,这样就可以产生更多的主题墙。大家还可以思考怎样才能更进一步引导和回应幼儿不断涌现的灵感。

第二个活动"数数花瓣知多少"——将直接观察体验放在第一位

在"数数花瓣知多少"活动里,我们试图将幼儿的感受和表现连接在一起。活动中所有的花卉都是幼儿平日里经常可以看到的花卉。通过活动,幼儿有了进一步观察并尝试把看到的花画出来的机会,从而体会了观察和表现的直接联系。这一点对不善观察的中班孩子尤为重要。观察的重点在哪里?一是看什么,即看颜色和形状;二是怎么看,即把握特征。幼儿对于颜色大致的差异还比较容易分辨,但是对形状的差异就很难说得清楚。所以我们把这个活动的落点放在"数一数"上。这个"数一数"并不是为了引导幼儿分辨花瓣的数量,而是通过具体的数数,让幼儿静下心来观察花朵的形状。幼儿在看的过程中不断地比照图片上的花朵,不停地数一数有几瓣花瓣,再试着画一画,学会了边观察、边画画、边对照,边调整。教师观察的重点也是在看幼儿是不是不断地在看他们想画的那朵花,而不是幼儿的花画得怎么样。

本次活动中老师有一个示范,它起到什么作用呢?它的作用在于引导幼儿了解边看边画的方法,以利幼儿掌握这个方法后,自如地运用它去举一反三,而不是模仿老师怎么样去画同一朵花。我个人认为这里有一点欠缺,就是老师操作时所处的位置比较高,幼儿看不清老师选择颜色的动作;应将调色板面对幼儿,引导孩子在观察花瓣颜色以后,对应地选择调色板上的颜色,再进一步示范。虽然这是一个很细小的环节,但也在提示我们,教学时必须多从有利于孩子观察,有利于孩子掌握方法的角度去考虑。只有这样,才能将活动过程变成孩子主动探索的过程,使孩子沉浸在创造和表现的过程中。

今天的幼儿基本上选择的都是图片,或者更准确地说是照片,选择实物花的比较少。一方面,因为老师也是选了一张照片,这对幼儿也许有如下暗示——既然老师选照片,我也选照片吧!另一方面,图片是平面的,幼儿从观察图片到将其画在纸上,是平面的转换,要比将立体的实物转换成平面的图像来得容易。我们要尊重幼儿当下的起点,允许他们现在对照图片画画。在活动结束时,老师应及时拿出一朵仿真花,为推进后续活动创造条件,而不是让孩子的观察停留在间接经验上。

有些教师提出:我们有那么多新鲜的花,为什么还要选仿真花呢?那是因为真实的花经不起过多触碰,仿真花能满足幼儿摸一摸、数一数花瓣的需要。在日常生活中还是应让幼儿多看真实的花,多接近实物的花,而不是图片。

刚才徐老师介绍说还可用剪纸的方法剪花朵，或用纸做成立体的小花坛，当然还有更多的办法来表现花。我在这里给大家介绍一个方法，就是用大家很熟悉的白色"纸浆泥"来表现花。先引导幼儿将"纸浆泥"揉成一块"饼"，然后把仿真花按在"饼"上面，再用擀面杖把这朵花嵌进这个"饼"里，之后把仿真花拿掉。这样在"饼"上面就留下了一朵花的痕迹，再去除旁边多余的黏土，晾干后上色，一朵栩栩如生的花就做成了。无论是剪纸也好，做立体的小花坛也好，塑造"纸浆泥"花也好，前提都是活动必须跟幼儿在日常生活中的观察联系在一起，离开了环境的作品画得再好也会失去意义。这些方法都是为了让幼儿更喜欢观察真实的花，更喜欢接近真实的花，而不只是为了让他们掌握一个艺术表现方法。我要一再强调：表现方法千变万化，不管找什么方法都必须为内容服务。任何艺术表现方法都应使幼儿热爱生活，要能激发他们的求知欲。

第三个活动"吃火锅"——把握步骤是幼儿自主操作的必要条件

第三个活动也是今天的最后一个活动——"吃火锅"。"吃火锅"还需要集体教学吗？当然不需要。它本来就是一个活动区的活动，每次做这个活动，幼儿都非常喜欢，做到结束都说没有吃饱，还要吃！就是不想结束活动。在这个活动区的活动里面，有很多美术的元素，例如：分辨形状、颜色，之后还有学打百叶结，包百叶包等。但是第一次活动的时候，还是需要老师介入的。但教师介入的重点在哪里？不在分辨图形，选择相似的颜色，而在于让幼儿学会把握步骤。对小班幼儿而言，他们对步骤是最不敏感的，但如果步骤乱了就是一片混乱，也就不好玩了。我在这里跟大家梳理一下步骤：

第一件事情——准备：拿出图形纸片，去找食材。用蜡笔涂一涂，放到锅子里面煮一煮。

第二件事情——开吃：送蜡笔回家，盖锅盖。盖锅盖之前，一定要有个将蜡笔送回家的步骤。之后让幼儿腾出手来把锅盖取过来，换成漏勺，才可以开吃。在吃的时候，还需对幼儿强调吃过的东西不能重新放进锅里，直到把锅里的食物都吃完。

第三件事情——再吃蔬菜：锅空了，把菜撕一撕，放进去，大家来吃蔬菜。

第四件事情——收拾餐桌：先收锅和勺，再倒剩菜，最后收盘子，明天再玩！

回顾一下上述四个步骤，一个不能少，所以建议老师们在最初活动的时候简化材料，然后慢慢投放，伴随幼儿的经验增长适度推进。因为多投放一样东西，就多一个步骤。步骤太多，幼儿做起来容易混乱，玩起来也不尽兴了。

幼儿在吃火锅过程中会涉及很多食材,教师可询问孩子你在吃什么?你在涮的是青菜还是芹菜啊?现在是不是再放点莲藕、白菜?具体形象的名称可以帮助幼儿建立联想,激发他们参与活动的热情。有的教师觉得这是美术活动,刻意让幼儿讲颜色、讲形状,甚至讲了半天还没有开吃,眼看着幼儿从兴高采烈变为垂头丧气,真是得不偿失。在这个活动里,最重要的就是要让幼儿对火锅的食材感兴趣,体会到冬天吃火锅的开心,然后自然地分辨它们的形和色,而不能将分辨形和色游离在情景之外。

最后在这里说一个题外话。通过对这几个活动的观察,我发现幼儿似乎有一个习惯,就是喜欢用黑色的笔勾画轮廓,然后再在轮廓内涂上颜色。这的确是一个行之有效的表现方法,但从小班开始到大班一直重复这个方法,就会变成思维定式,妨碍幼儿创造性的表现。所以,一定不要每天都这样,要让幼儿经常尝试不同的方法,自主选择,鼓励他们想出别出心裁的方法来。只有让幼儿拥有灵活选择的意识,他们的创造力才能发挥得更好。

(李慰宜)

主题研讨

幼儿美术教育的价值取向

（主讲人：李慰宜）

一、幼儿美术教育在学科课程和主题课程中价值取向的区别

内容与方法是所有艺术作品不可分割的两个方面，表现了作者对周围生活敏锐的洞察力、独特的视点和对形式美的创新，在千百年探索的过程中，它们无止境地推动着艺术的发展。

无数艺术家告诉我们：世界上不是缺少美，而是缺少发现美的眼睛（罗丹）。要画花就要像蝴蝶一样飞进花的宫殿（欧基弗）。画马就要拜马为师（徐悲鸿）。一代中国艺术大师吴冠中甚至提出"笔墨等于零"的观点。这些都向我们指明了对生活的深刻体验何等重要，即在处理技能与内容的关系时，内容是第一位的。幼儿与艺术大师相似之处也在于此。

幼儿美术在学科课程和主题课程中处理内容与方法的关系这一问题时有所区别：在学科课程中的美术活动是以美术领域的表现方法为主线，使一切内容为方法服务；在主题课程中的美术活动是实现主题内容与要求的一个组成部分，一切美术的表现方法都要为加深幼儿对艺术所表达的内容的体验服务。同样的学习内容在两种不同的课程中表现为不同的教学过程和结果。

（一）两种课程中美术活动设计的比较

以小班"开学第一个月"为例，学科课程和主题课程模式会呈现两种不同的教学设计：

【学科课程模式】

活动目标：

尝试接触几种常见的美术的工具材料，从无控制的涂鸦向有控制地涂鸦过渡。

活动内容：

1. 我是好宝宝（彩色水笔）；

2. 小厨师做披萨饼（水粉色）；

3. 大扫除（分辨上和下,画直横线条）;

4. 打电话（用点、线、圆圈等有控制地将一个点与另一个点连接起来）;

5. 我们不怕大野狼（尝试使用剪刀）。

【主题课程模式】

活动目标:

1. 喜欢幼儿园有趣的活动内容,初步适应幼儿园生活; 2. 大胆地涂鸦,体会美术活动的快乐。

活动内容:

1. 高高兴兴上幼儿园; 2. 看电视; 3. 小宝宝; 4. 打电话; 5. 小花被。

⊙ "开开心心上幼儿园"教材内页和幼儿作品

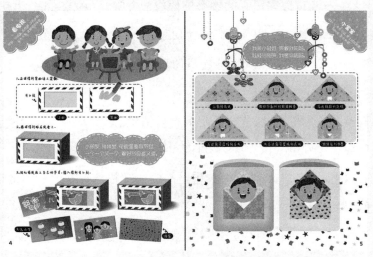

⊙ "看电视"和"小宝宝"教材内页

⊙ "打电话"和"小花被"教材内页

（二）不同的讨论在活动中具有的不同意义,体现内容与方法孰轻孰重的价值观

就以活动1-1"不起眼的小石头"为例,在实际操作中老师的两种提问就能折射出不同的价值取向。

这块石头可以变成什么呢?（方法在先,内容在后）

你想画什么? 石头可以当成它的哪个部位或地方呢?（内容在先,方法在后）

以活动1-3"吃火锅"为例。活动目标如下:

1. 感知冬季的寒冷,体会吃火锅会使身体暖和起来。

2. 在涂涂画画中分辨不同食物的形状。

【学科课程模式】别忙着吃,先把图形名称讲清楚。

【活动课程模式】别忙着讲,吃起来再说

但在当前主题课程的美术活动中有相当多的活动仍然存在着学科的课程倾向,这必须引起教师们的重视。

二、幼儿美术教学中两种教学方法的比较:传授训练与引导探索

传统教学将学生视为容器,认为学生不可能具备自主探索的能力,只能被动地等待教

师传授,将一切教学中的"教"视为"授业、解惑","学"视为"聆听、记背"。这种观点在美术教学中表现为主张教与不教的两派,其实质都是不相信幼儿具备自主探索的能力。

幼儿美术活动是创造性的活动,对内容的探索离不开对方法的探索,教师必须打破美术技能只能传授的思维定式,相信幼儿有能力主动学习、自主探索,不断引导幼儿把握新的表现方法,让他们把感受美与表现美视为整体,这样才能真正意义上解放幼儿的头脑和双手,最大限度地发挥幼儿在美术活动中的积极性和创造性。

美术教学中引导幼儿自主学习应注意以下几点:

1. 不同年龄阶段幼儿的年龄特点:应特别关注不同年龄的幼儿在有意注意、思维水平、手眼协调能力水平上的显著差异,基于对幼儿特点的了解开展教学活动;

2. 已有经验:将新的学习内容视作已有经验的延续和发展,使教学成为延续不断的过程,使幼儿面对新的知识技能时有能力运用已有经验去解决问题,寻找自己的答案,而不是将学习内容视作孤立的、突发的,或为某一特定的教学活动设计的铺垫和延伸;

3. 个体差异:由于幼儿动作发展尚未成熟,思维没有形成定式,经验程度和兴趣倾向有所不同,存在着明显的个体差异,因此,教师应尊重幼儿的个体差异,寻找适合的起落点,促使不同水平的幼儿均能建立自信,激发每个幼儿学习的主动性和积极性。

三、幼儿美术教育中不同形式教学方法的相互推动——集体教学和个别化学习

集体教学(教师发动)——在教师有目的有计划的引导下,在单位时间内全体幼儿共同面对一个问题,发现并尝试新的学习内容和解决方法;

小组教学(一部分是教师发动,一部分是幼儿自主学习)——在教师的引导下,部分幼儿参加,然后通过幼儿之间的互动逐步展开;

个别活动(幼儿发起)——幼儿按自己的兴趣,围绕某个内容进行自主尝试和创新,进一步加深对内容的自我体验。

以上三种教学形式均有自己的优势和不足,

在主题活动中,三者在内容与方法上均有不断延续、发展的空间和互相推动的可能,应做到取长补短,实现教育效益的最大化。

▶ 任务体验　TASK

"三羊开泰"

1. 布置任务

借助熟悉的数字"3"来引出"三阳开泰"这一成语,并解释"阳"与"羊"同音,恰逢羊年新春,所以采用"三羊开泰"作为春节祝福语。

要求:通过和同伴一起画羊、尝试摆放羊的位置,以愉快的心情迎接新年,探索表现三只羊前后不同的排列方式。

2. 思考任务并实际操作

(1)写"3"画羊(活动区个别尝试)

思考:

为什么要选择写"3"画羊的方式?需不需要出示步骤图?

(2)三只羊回家(活动区小组合作)

思考:

三只羊有几种摆放位置的方式?怎样结合生活情景引导探索?为什么分享与交流在活动中起到十分关键的作用?

(3)三只羊大团圆(集体教学)

思考:

在三个活动中幼儿了解了哪些祝福成语?这一集体教学活动怎样做到承上启下?

第 二 讲

凸显

内容价值的

美术活动的特点、过程与方法

·导 读·

此讲通过展示小班集体教学"乘地铁",小班活动区"打电话"和中班活动区"饲养员请客"三个课例展示,深入解析凸显内容价值的美术活动开展的特点、教学过程和表现方法。

活动展示

活动 2-1　乘地铁（小班集体教学）

执教　　朱　裔

活动目标

1. 知道地铁是城市中便捷的交通工具，有兴趣表现人们乘坐地铁的情景。

2. 对折剪纸，将其一个接一个粘贴起来，表现车厢。

活动准备

印有地铁车头的画纸、长方形手工纸、固体胶、彩色水笔、地铁照片PPT。

活动过程

一、观察谈论

1. 观看PPT，熟悉地铁标识

展示并询问 是什么标记？提示幼儿地铁站到了，我们一起去乘坐地铁吧！

2. 地铁进站了

（1）地铁列车长又长，由一节一节的车厢连在一起。（这些车厢是长的还是短的，用手比一比。）

（2）地铁身上是什么颜色

绿色地铁进站了，它是2号线。紫色地铁进站了，它是4号线。每条地铁都有自己的颜色，看清颜色别乘错。

二、操作尝试

1. 教师引导幼儿："又有一列地铁进站了，怎么车厢还没进站呢！"车厢说："我们跟在后面，我们也要进站！"那绿色的车头后面跟的是什么颜色的车厢呀？

2. 教师演示

（1）折剪车厢：通过折一下、打开、剪一下，来制作车厢。

【关键指导语】看看老师怎么折的呢？（对边折）

打开后，小剪刀剪哪里？（剪折线）

（此处提出这两个问题，目的在于让幼儿回忆已有经验，而非主观观照。更为重要的是，"对边折"、"找折线"是小班幼儿的关键经验。）

（2）粘贴车厢：车厢紧紧地跟在车头后面，一节接着一节紧紧地连接起来。

（3）粘贴幼儿原先创作的涂鸦人物，好多人都来乘地铁了。

三、幼儿创作：大家都来乘地铁

1. 绿色2号线、紫色4号线，看清颜色再乘坐。

2. 车厢一节连一节：将纸对边折，折过压平，打开来。小剪刀张大嘴，沿着折线，"咔嚓"一声剪下去，剪出一节一节的车厢，然后一节一节将每节车厢接牢。

3. 看看想想车厢上有什么（添画门、窗等各种设施），想一想人们应该在哪里等候？

4. 大家都来乘地铁了，爸爸来了，妈妈带着宝宝也来了……

四、交流体验

1. 列车到站停下来：幼儿是分两种颜色涂色车厢的，将同种颜色的车厢一个接一个地排列起来。

2. 分辨有哪些人来乘地铁。

3. 老师做车头，幼儿做车厢，一节又一节，关上车门开动了。

想一想

1. 了解该幼儿园附近的地铁线路，使活动符合幼儿日常生活。

2. 教师在开展活动以前需要准备哪些信息，便于推动幼儿丰富生活经验呢？

自 评

地铁因它的快速和便捷越来越受到都市人的喜爱，也自然进入了幼儿的生活。随着城市地铁线路的增加，幼儿对地铁的印象也越来越深刻。尤其是每个车站总会开来不同方向的列车,时常会有用不同颜色表示的不同线路的列车到站。该活动特意选择了绿、紫两种不同颜色的车厢表示不同的线路,幼儿在粘贴时,必须将相同颜色的长方形车厢连在一起,由此体会看清地铁颜色、区分线路的实际意义。在地铁车站的中央,留有很大的空间,以供幼儿按自己的想象表现乘坐地铁的人物,从幼儿的表现中,我们会发现他们创造的各种图式,这不但有利于幼儿自如地表现,也为教师提供了了解幼儿图式的极好机会。

这个活动实际上我们在上半学期也进行过,当时的教学目标是使幼儿学会剪贴和敢于表现。今天又进行了这个活动,此次的提升表现在哪些方面?比如,通过这个活动,孩子们获得了不能带宠物乘地铁的经验。这些都是平日在活动区活动中老师们可以潜移默化地教给孩子的。在今天的具体实施过程中,仍有需改进的地方。有一个孩子将他的车厢竖着贴,可能老师看到后就会把它转过来,但是面对小班孩子,我认为老师的做法要加以改进。老师可以先跟他说:"刚刚的车厢进入隧道可能会被碰掉的,所以要做到行车安全,该怎么办呢?"可能孩子还是不知道,这时老师可以帮忙转一下,给他一个直观的感受,毕竟小班幼儿有一个模仿意识,他自然而然就会把竖着贴的车厢横过来。

其次,为什么会提供一些长方形的纸让孩子一节节地贴车厢?很多老师说这不是多此一举吗?若提供一整条长方形的纸片,一贴就是两节车厢,这样做多省力!对此,我们的考虑是:每个孩子对于地铁的构造是有观察的,且更注重细节:它不光是长的,还是由一节一节的车厢组成的。所以,即使上半学期已进行过这个活动,此次仍然采用这个方式。

最后提一下这个活动的延展。今后的活动区,可以怎么来做?教师还可为幼儿提供其他颜色的长方形纸片,继续粘贴制作更多的列车,由幼儿共同命名行驶的是几号线,并使这些线路纵横交错起来,这也是幼儿共同参与环境布置的极好材料。

活动展示

活动 2-2 打电话(小班活动区)
执教   沈雯洁

活动要求

1. 喜欢给朋友打电话,在模拟情景中,体验相互对话的快乐。

2. 幼儿能尝试有控制地画出图形或线条,表现自己想象中的角色。

活动环境

1. 许多不同颜色和形状的小房子,房子下端连接着"电话线"(串链、有按钮的布条、扭扭棒等)。

2. 各种常见的毛绒玩具(兔、猫、熊、狗、猪、小鸡等)。

活动材料

1. 和房屋大小匹配的色纸。

2. 深色彩色水笔或油画棒。

3. 各种可以通过连接变长的模拟电话线材料。

活动流程

1. 观察动物,说出其名称和明显特征。

2. 选择一个动物,用涂鸦的方式画在模拟房屋的纸上。

3. 将画纸放进小房子里,根据房子下端的材料提示接长电话线。

4. 找到好朋友,将两条电话线连起来,模拟打电话。

观察与引导

1. 幼儿选择了哪些动物;鼓励幼儿安排不同的动物住进小区,并逐步增添新的动物。

2. 幼儿怎样用不同的符号和图式表现动物,有无新的创意,可选取哪些画面引导他们观赏和交流。

3. 提供的电话线材料是否适合,还能作哪些调整。

延续 ••

1. 小区里搬来了新邻居,为他们接通电话;

2. 想象每一户家庭住了几个人,他们的电话会装在哪里? 想一想、画一画。

3. 用不同的材料接通电话。

4. 说一说想和好朋友去哪里,做些什么。

备注:

1. 活动前期老师可在活动区里创设打电话的环境(用盒子做成大小不一的小房子,每个房子下端有孔,固定一个串链)。

2. 老师在活动区提供各种连接玩具,如大小不一、形状不一的串链、雌雄搭扣、纽扣、扭扭棒等,让幼儿充分地玩,学会连接。

3. 让幼儿知道用串链把房子与别的房子连起来,表示电话线被接通。

4. 收集幼儿熟悉的动物玩偶(兔、猫、狗、猪、熊、青蛙,也可提供娃娃或玩具),带领幼儿认识该动物的名称及其最明显的特征。

5. 准备好大小不一的绘画纸(正方形、长方形都可)。尺寸以幼儿平时用的画纸大小为宜。颜色用浅黄、粉色、浅绿、浅蓝都可。

6. 为使幼儿获得使用水彩笔或油画棒的经验,可提前准备好水彩笔或油画棒,颜色以深色为宜,如紫色、大红、深绿、深蓝、咖啡等。

7. 幼儿前期可开展“打电话”的语言游戏,了解打电话的过程。

附上活动环境如插图1:森林背景,用盒子模拟动物的家。

插图1　活动背景

插图2至插图5为老师提供的活动区游戏材料。

插图2 扭扭棒　　插图3 串链　　插图4 串链　　插图5 纽扣

要点提示：

1. 游戏主要是通过把不同的材料连接起来，形象地表现电话被接通的情景，符合小班幼儿具体形象的思维特点。该活动除发展手指动作之外，也向幼儿渗透了社会交往经验，使幼儿感受到帮朋友接通电话线，和朋友打电话是一件开心的事。

2. 游戏材料是幼儿日常生活中熟悉的玩具，幼儿在第一次接触到材料时就能自如摆弄，可操作性强。为了增加游戏的可玩性，老师在背景中利用了许多空的废旧纸盒，幼儿可以选择将某一玩具动物放入纸盒，把纸盒当作小动物的家，增加了游戏的情景性。

3. 后期可增加水彩笔和色纸，鼓励幼儿涂鸦添画新的朋友，表现更多的朋友都来打电话的情景。

想一想

当幼儿表现的符号与现实生活相去甚远时，教师该怎么办？该不该接受幼儿的创意呢？

自 评

一、生活情景在活动中的作用

几乎所有的幼儿都喜欢打电话，他们拿起听筒就会"喂喂喂……"地说个不停。在本次

活动中,打电话的游戏情景起到了以下两个作用:

1. 激发孩子的表现欲

由于打电话的对象是具体的角色,于是我提供了各种动物玩具,让幼儿在情景中激发出自身对打电话的兴趣,同时鼓励幼儿在打电话时不断想象通话对象是不同的朋友,并乐于用自己的涂鸦符号将之表现出来,当然对象无论是动物或是幼儿想象的任何物体都是可以的。

2. 为幼儿提供发展语言的机会

打电话的情景顺应了小班孩子喜欢一边画一边讲的特点,在打通每一个电话时,伴随简单的对话,情景得以不断延续。这不仅满足了孩子们对交往的需要,而且也是一个综合发展孩子生活经验及应答对话能力的机会。

二、鼓励孩子大胆涂鸦

也许老师看了活动之后会觉得,要让小班的孩子独立地画出动物是很困难的,是不是该教一个画一个呢?其实大可不必担心孩子画不出来,每个孩子在涂鸦的过程当中,原有的认知经验和兴趣都不同。也许我们会看到孩子表现的很多符号是教师无法分辨或与现实生活相去甚远的,此时,教师应该多给他们一些涂鸦的机会,耐心听幼儿的解释,接受幼儿的创意,鼓励幼儿表现更多的涂鸦符号。随着孩子观察水平的不断提高,他们会调整并逐渐学会表现比较完整的图像。所以我们一直觉得在小班阶段,老师要充分地承认和尊重孩子们创造的每一个符号,而且应鼓励他们大胆地涂鸦。

活动展示

活动 2-3 饲养员请客（中班活动区）
执教 方 丹

活 动 要 求

1. 关注常见动物喜欢吃的食物,体验照顾动物的快乐。

2. 自选绘画、手工泥、3D印画等不同的表现方法,制作与动物相对应的食物。

活 动 环 境

1. 经验

认知经验——知道常见动物爱吃的食物,例如:兔子—胡萝卜、青菜;猫—鱼;狗—肉骨头;牛羊—青草;象、猴子—香蕉、苹果。

操作经验——进行过其他集体活动,有制作3D印画的经验,有使用工具制作手工泥的经验。

2. 材料

动物图片、动物爱吃的食物图片(胡萝卜、鱼、肉骨头、青草、香蕉等)、水彩笔、刻印板、彩泥及其他工具。

活 动 流 程

一、经验重现

1. 分辨幼儿作品中的常见动物

【关键指导语】1号房子里,住着谁和谁?

上次饲养员请客,动物们可开心了。今天,又有谁会来做客呢?

(出示幼儿作品,让幼儿找找来了哪些动物)

2. 了解动物喜欢吃的食物

提问:饲养员该准备些什么好吃的来招待它们呢? 按幼儿的回答,出示实物图片,并说出这些食物是哪些动物爱吃的。

【关键指导语】

a. 有很多食物可以给多种动物吃！比如香蕉除了能给大象吃，还能给谁吃呢？

b. 谁能说说兔子最喜欢吃的三种食物？

二、自选材料，制作食物

1. 我们来当饲养员，一起给动物朋友们准备一些好吃的吧！

2. 分辨材料（彩泥、刻印板、水彩笔、剪刀），思考：用这些材料怎么给动物们准备好吃的呢？想好要给哪些小动物制作食物。

3. 幼儿自选不同材料，尝试用不同的方法制作食物。

4. 参照图片上食物的特征进行制作。

三、交流分享

1. 为动物送食物。

2. 分辨动物朋友们吃的食物是否合适。

3. 找找制作食物的新方法。

提示：

活动区的目的主要是再现已有经验，所以此次教案设计中取消了演示泥工的部分，教师在活动过程中不仅需要关注幼儿是否按动物的习性制作了对应的食物，更重要的是发现幼儿在制作过程中在内容和方法上的创意，而不是让他们一味地重复已有经验。教师可以适当对活动进行延伸，例如：

1. 可不可以增添其他动物，例如：猪、老鼠等，与这些动物相对应的食品种类更多，更容易引发幼儿的创造。

2. 可以在3D印画上涂色，也可以放些彩泥，在用彩泥制作食物时可以调色，也可使用剪刀等。

3. 观察并指出还没有入住的动物

【关键指导语】5号房和6号房，到现在还空着，还有哪些动物没有来？

教师在观察幼儿制作食物时是关注食物准备得正确与否还是关注幼儿制作食物的技巧娴熟与否?

自　评

　　观察了解动物时,常会把它们的特征和它们的生活习性紧密地联系在一起,这显得更有意义,例如:鸡因翅膀短而飞不起来;长颈鹿因个子高,低头喝水时必须岔开自己的腿。又如鸡和鸟都有尖的喙,便于啄食颗粒状的食物;鸭子因扁扁的嘴巴,爱吃水中的鱼虾。在饲养场和动物园中,饲养员给动物喂食时都会十分关注每一种动物究竟爱吃什么,并积极地为它们准备各不相同的食品。因此,"饲养员请客"这一活动也就应运而生。

　　欣赏作品选取了拟人化的进餐场景,画面上每位动物朋友都正装出席,端端正正地坐在餐桌前,等待饲养员端上丰盛的菜肴,情景形象生动。作品中的动物被作者采用折纸的方法化解了透视的难题,显得更为栩栩如生。

　　在欣赏这些作品时,教师可引导幼儿细细观察画面上有哪些动物,讨论它们怎样出席饲养员的宴会,探索画家用什么方法让动物朋友端端正正地坐在桌边,之后,可启发幼儿参照这一方法邀请其他动物出席。为增加艺术活动的趣味性,教师可以在此特意安排3D印画制作,即用重复印制模版的方法绘制作品,观众戴上3D眼镜后,盘中的食物就好像立体了起来,由此产生了神奇的视觉效果。餐桌上的盘子是画好食物后再粘贴上去的,这样一方面可以增强作画过程的情境性,另一方面也为以后调换食品创造了条件。

　　可以将这一画面作为一个活动的布置安放在环境中,便于幼儿随时为动物朋友调换新鲜的食物,制作食物的方式除了运用3D模板印画外,也可有涂、画、剪、泥塑等不同的方式,以便给幼儿更多表现动物习性的机会。

　　以下分享一下具体实施过程中运用的策略和方法。

这个活动是中班的区域活动，它被安排在一个集体活动，就是3D活动之后。这是一个有着活动情景的活动，有实景的背景画，也有具体情境，采取的是一个拟人化的进餐场景，即让小朋友一个一个地将动物们请出来。每个房间入住了两个小动物，它们端端正正地坐在了桌子前面，等待饲养员呈上丰盛的餐食。这样的一个情景对孩子来说是比较形象的。同时，我们也巧妙地运用了折纸的方法，处理了动物和桌子的透视的难点，让这个情景更加栩栩如生了。

相对于集体活动来说，个别化的内容应该更具有延展力和创造力。所以在活动中我们比较关注的是孩子们为每种动物准备的食物是不是合适？是不是每种动物都有自己爱吃的一些食物？这就需要在关注幼儿活动的同时，有意识地引导他们发现一种食物可能会有很多动物喜欢，以及一种动物也可能会有很多爱吃的食物。

在今天的活动中，一说到肉，孩子们马上就说狮子爱吃肉，老虎爱吃肉……一提到青草，他们就马上说青草可以给兔子吃，给羊吃，给牛吃……这些孩子们都已经发现了。孩子们将食物与动物进行了很多的匹配、不仅限于一对一的匹配，还有一对多、多对一式的组合。

此外，我刻意留了两个空的房间，这样做的目的是让孩子们可以有一个继续拓展的房间，他们可以不停地变换入住这个房间的动物。比如今天请的是猴子和兔子，那明天就可以请猫和老鼠。在今天的活动中，我又增加了任务难度。因为我后面展示的三个动物朋友，是之前孩子们没有画过的，在给他们看的画面中也没有出现过。我只是提供了一些相应的图片让他们去参考。但是通过孩子们自身已有的一些经验包括图片的提示等，他们就敢于大胆地将这些动物请过来。我提议，也期待在活动区的活动中，多给孩子选择的机会。

今天我们看到有孩子画了鸭子、老鼠和熊这些他们喜欢的动物。我们也看到了有剪纸的部分：我说老虎怎么没有好吃的？但是我提供的图片里面是没有肉的，有个孩子很聪明，马上就拿了一张粉红色的纸，剪出了一个方方的形状，他说这个是老虎爱吃的肉。我觉得孩子们其实真的会表现出很多你意想不到的东西，即使给他准备的材料比较简单，他们也会有一定的收获。

有个孩子找到了一张苹果的图片，我今天在活动中做示范时也剪了一个红色的大苹果，但发放给这孩子的材料中没有这种大红色的纸，他就在纠结说我没有大红色的纸，怎么办？我说你再想想，苹果还有什么颜色的？他后来选了一张黄色的纸，我们知道有黄色的苹果。

我觉得根据孩子的一些经验，他能够找到合适的表现方式，这种尝试也能激发他们的创意。

像活动区的活动我们以后还可以再增加一些内容。比如说再提供一些工具，或者一些彩泥，还可以进行一些调色尝试，这些都是我们后续可以拓展的。要让活动区的活动更具有时效性。

针对今天的这个活动，我觉得自己在分享和交流方面有一些地方可能需要调整。在交流的时候我拿出了一张图片，有一个小朋友说画的是鱼，可是因为被很多孩子否定了，他不敢站出来说。其实我很喜欢这条鱼，我应该要好好地表扬他一下，这条鱼跟我的鱼不一样，我应该让他介绍一下，这条叫到底是什么鱼，跟我们看到过的什么鱼长得比较像。我觉得这种鼓励对孩子来说很重要。这是我在交流分享的时候欠缺的地方。

可能在后期我们可以更多地让孩子们去区分一下：这个动物是食草的，它吃的都是草类的食物；这个动物的食物又有草又有肉，它是杂食性的动物，我想这样的话可能孩子们的兴趣会更高，然后活动区的教学有效性也会发挥得更好一些。

活动评析

"乘地铁"评析——着重讲一讲在情境中开展美术活动无比重要

在这个活动里，我想特别就在美术活动中创设情境说几句。美术就是表达对周围生活的认识和情感的一种方式，任何美术创作若是脱离现实生活，即便技能再高明，再创新，也会如同象牙塔里的摆设那样苍白，幼儿园的美术创作也是如此。在美术活动中创设情景的目的，就是将幼儿带入与生活相联系的环境，引导幼儿重现对生活的印象，进而激发幼儿自主表现的愿望。"打电话"、"饲养员请客"是这样，"乘地铁"也是这样，它们都是来源于幼儿的生活情境。现在幼儿乘坐地铁已经较为普遍，今天老师选的两列地铁的颜色也是根据幼儿园周边的地铁选的，地铁的线路用颜色来区分，就是跟幼儿的实际经验密切结合起来的，如果老师们的幼儿园附近不是这两条线路，千万不能去选这两种颜色。在教师创设的车站上，已经有一些候车的乘客，这些候车人物的图像，都来自幼儿日常作品，整个场景生动自然，这样的场景就给孩子一个放松的心情，好像身临其境地在站台上候车一样。所以这样的情景并不是为了吸引幼儿去锦上添花；将原来的彩色水笔改为今天的炫彩蜡笔，也不是材料的花样翻新，而是更方便幼儿表达的需要，这些都是让艺术表现贴近现实生活的必要条件。

但是，情景不应只存在于开始部分，也不只是提供合适的材料即可，它是贯穿整个活动灵魂，就今天的活动来说我觉得还是有所欠缺的，欠缺在教师几次有意无意地将幼儿带出了情景。例如：教师说："红颜色的地铁请到红色站台上来，绿颜色的地铁请到绿色站台上来。"又说："等会那列车开了，我们把乘客请过来。"在现实生活中列车是按线路开来的，还是请来的呢？乘客需要请吗？是车等人还是人等车呢？老师这样说的原因是因为其重视的还是幼儿画出来的图像，而不是活动的动机。如果我们说："6号线来了，要去东方明珠的乘客快上车，要乘2号线的乘客请再等一下，列车马上就会到站！"还有很多列车怎么办？你可以说："一列车开走了，请大家耐心等一下，再过三分钟，又有6号线会开来了，再过四分钟2号线也会开来……"这才是生活情景，这种才是我们最应重视的。

又如：一个孩子在车厢上面涂鸦，教师立刻制止："车厢上面不可以乱画的。"那么为什么不说什么地方是可以画的呢？地铁车站里不是有广告吗？如果教师抓住这一时机进行引导："在车厢上画图会让乘客搞不清楚是几号线的，但是列车上和地铁站真的有广告，在哪里?"幼儿的关注就会从列车、乘客延伸到车站的其他内容上。上一次我们就看到一个孩子画了一条线,画出一条线似乎不稀奇,但是他介绍说:"我们要站在这条线后面等车,不然会有危险的。"这表明他已经关注了许多乘车的规则,是很好的思路,由此我们可以引导幼儿关注,在乘坐地铁的时候,还有哪些事情是可以做的? 哪些是不能做的? 只有孩子关注了表达的内容,他才有表现自己认识的愿望,只有让幼儿能够充分地表现他所需要表达的内容,他才有进一步去关注周围生活的愿望,做到表达与表现的相互推动。

"饲养员请客"评析——着重讲一讲美术活动中适度推进的问题

如果说中班上一学期我们做了饲养场的主题,下学期又做了动物园的主题,表明幼儿对动物的认识是从身边最熟悉的一些家禽家畜,逐步扩大到森林里的动物,那么在今天"饲养员请客"的活动中,就是引导幼儿充分地表达对这些动物爱吃的食物这一生活习性认识的机会,并在内容和表现方法上有所推进。

一、内容的推进

就动物爱吃什么这个问题,一般幼儿对此会作一一对应,比如说猫爱吃鱼,小鸡爱吃米,兔子爱吃胡萝卜。为此在开始的时候,就应围绕着两个关键问题展开讨论:一是哪些动物爱吃青草,幼儿会发现原来爱吃青草的不只是兔子,还有牛、羊等,由此他们会认识到一种食物会有好几种动物都爱吃。反之一种动物也不是只爱吃一样东西,它们可能同时爱吃好几样食物。这期间老师也用手指计数的手势,推动了孩子们进一步地去思考更多的可能,使幼儿在连贯性的思维过程中,较为清晰地掌握了一种动物会吃好几种食物,一种食物也会有好几种动物爱吃的知识。因此当老师引导幼儿观察房子里已经住了两条狗,问谁适合做狗的邻居时,幼儿就会从狗爱吃肉骨头延伸到其他也爱吃肉骨头的动物,这样的讨论有助于幼儿在活动中更有目的地选择让爱吃相同食物的动物成为邻居。我看到现在很多的老师在和孩子们讨论这个问题的时候往往采用"还有呢?"来设问,在幼儿一连串的回答以后,再由教师来总结,结果幼儿还是迷迷糊糊地随意挑选动物使之成为邻居。

二、方法的推进

本次活动我们提供了三种表现方法:一是把透明模板放在纸上,印画轮廓;二是用彩泥团捏;三是用剪刀剪彩色纸。这三种方法不单单是用丰富多样的材料引起了幼儿的兴趣,更重要的是这些表现方法适度新颖,在表现能力上也有适度推进。

这三种方法对中班的幼儿来说:第一种是最简单,也是幼儿曾经尝试过的,第二种幼儿也操作过,但还是第一次用它来做动物朋友的食物,最有难度的是剪纸,却有很多孩子来尝试。他们在做的时候也碰到很多的问题,但仍然有很高的学习热情。比如有一位小朋友想剪一条鱼,对折以后剪了折边,一条鱼变成两个半条,他又拿了一张纸剪了第二条鱼,又犯了同样的错误。就在他想放弃的时候,老师说熊在等着吃鱼呢,并提醒他关注折边,结果这个孩子剪出了第三条鱼,而且又剪起第四条鱼来。我想这个孩子应该是本次活动中最能体会到学习乐趣的,因为那条鱼是他自己经过挫折,了解方法以后才剪出来的,今天给幼儿创造了用对折剪纸的方法去剪以前没有剪过的东西的机会,使幼儿看到原来自己是可以用这样的方法来表达自己的想法的,这就培养了他们迁移运用的能力。

所以说,此次展示的这个活动,无论在内容上,还是在方法上,都较以往有所推进。

三、分享交流中对上述两个方面适度推进的关注

在分享交流中,教师并没有泛泛而谈哪个动物吃了什么,而是仍然关注在内容和方法上的推进。

首先,老师发现一位给老鼠吃了一条鱼的小朋友,然后就提问老鼠爱吃鱼吗? 从而引导幼儿思考讨论。但我觉得今天老师好像自己心里也不太有把握,所以这个问题最后不了了之了。在座的老师有没有想过呢? 老鼠爱吃鱼吗? 我想老鼠是喜欢吃鱼的,但是老鼠不是喜欢吃在河里游来游去的鱼,它是喜欢吃爸爸妈妈烧好的鱼,这就关系到老师自己的知识储备。记得上次试教时曾讲到熊爱吃鱼,有个小朋友就问:“熊会游泳吗?”因为他想熊不会游泳是怎么吃到鱼的呢? 熊的确不会游泳,它是站在溪流中抓鱼的。我希望老师们在这方面的知识储备能够积累得越来越多,那么我们班上幼儿孩子的求知欲也会越来越强。

然后教师拿起那个孩子剪的那条鱼,老师选这个点选得太好了,因为我们往往会以剪得像不像作标准,今天这孩子剪的这一条鱼真的不太像鱼,如果说你一定要用像不像去衡量,那么有很多幼儿的创意教师是不敢拿的。当老师问“它是什么”时,孩子们说这是肉吧,又说这是草莓吧,结果老师介绍说:“它是一条鱼。”并肯定了这位小朋友自己剪出来的努力。但似乎大家还在纳闷:这怎么是鱼呢? 教师可以继续说:“这条鱼我也从来没见过,看上去它是一条很胖的鱼,谁吃了它,肚子马上就能饱了。”这使幼儿领会了剪纸不一定要纠结于像不

像,从而更乐于大胆地表现出自己的创意。

这个活动还有可以改进的地方,就是色纸和画纸之间的颜色差距太小,幼儿将剪好的食物放进盘子里,结果就看不清楚了。这些看上去好像无关紧要的问题,对激励幼儿为动物喂食的行为还是很有影响的。

"打电话"点评——着重讲一讲同一题材在小班上下学期开展的区别

打电话是我们小班孩子很喜欢模仿的生活内容,初来幼儿园的孩子,会通过打电话让爸爸妈妈马上来接自己以释放自己的心情。在以后的日子里又会相互打电话,体会在幼儿园有很多朋友的快乐。小班的下学期更会把打电话对象的面扩大,熟悉的动物都会进入幼儿的视线。因此在小班上下学期都可开展这样的活动,只是在开展的时候应该有所差别。

在上学期打电话的时候我们强调了两个方面:一是强调怎么打通电话。虽然幼儿有打电话的经验,但他们的经验是零碎的,那么我们就从接通电话开始,先让幼儿拿起一个电话听筒,等听到嘀嘀的响声后再拨号,接通后才能开始讲话。二是强调讲什么。我们给了幼儿一个简单的对话句式:"喂,你是大象吗? 我是小兔。""今天天气真好,我们出去玩吧?""好的!""再见!"所有的孩子都是重复这样的对话,唯一改变的就是对话中的角色。

小班下学期还是要延续打通电话的经验,在对话的句式上改变为:"你好,你想到哪里去?""我想去百货公司。""我想去幼儿园。""我想去游乐场。"……可以看到,角色变了,去的地方也不再单一,更有了去做什么的联想,这在内容上就提供了很大的想象空间。

然后我们来说说小班幼儿的涂鸦,就是用符号或笼统的图像来表现他们所看到的事物,在上学期做"打电话"活动时,幼儿打电话给小草、小雨点,或是气球,教师首要的就是支持孩子的涂鸦,只要是幼儿自己画出来的符号,不管是雨点也好,是草地也好,都会以"是小草吗? 长得多一点哦","是小雨滴吗? 来给花儿喝一点哦"来回应,有的幼儿涂鸦时不一定有命名的意识,教师还会用诸如"这是蚯蚓还是毛虫?""是花朵还是鸡蛋?"等问题,引导幼儿为自己的涂鸦命名。在上学期做"打电话"时,我们会看到幼儿对自己表现的图像大都进行了命名,表明幼儿表达的意识已经比较清晰。就比如说画个鸡蛋,在小班上学期幼儿画个鸡蛋,我们会说:"鸡蛋你好! 你是不是就要变小鸡了?"如果是下学期,就不能止步于鸡蛋,我们会说:"是不是有小鸡在里面? 今天能钻出来了吗? 让小鸡赶快出来吧!"因为画鸡蛋只是画了一个圆,今天说它是鸡蛋明天可以说它是足球,后天可以说它是气球,幼儿的表现会非常地单调，以致妨碍孩子对内容的想象。

今天我们用了让大家轮流画小狗的形式，鼓励幼儿围绕对小狗的点滴印象进行大胆表现，这样的过程使所有的孩子体会到无论表现小狗的哪些特征只要画出来都行的乐趣，这使他们能非常放松地关注如何在符号上添加特征。在这一过程中就有了幼儿表现出的各种似是而非的图像，例如：有个幼儿用一条线表现了长颈鹿的脖子，这说明孩子知道长颈鹿最明显的特征。我们不用去纠结这个长颈鹿怎么还没有身体，怎么还没有四条腿，可贵的是这个孩子画出了不同于同伴们画出的图像，有一个十分宝贵、与众不同的视点。这些图像会随着幼儿有意注意的发展而逐渐变得生动。我们现在看到小班的孩子在下学期会画动物、画人，都不用一个个地用示范的方式死教了。

有的老师认为现在教师不可以演示，就让幼儿来演示，可是幼儿站在演示板前发呆，简直不知道要花多少时间；慢的原因就在于他根本不知道该做什么，一直在纠结、担心、茫然。他的拘谨也会影响所有的孩子，大家看同伴这么害怕，这么紧张，担心等下让自己画怎么办，负面影响不言而喻，希望老师们注意。

（李慰宜）

主题研讨

凸显内容价值的美术活动的特点、过程与方法

（主讲人：张晨华）

一、主题活动和美术活动的关系

1. 以表现方法为主线

传统的美术教学是以幼儿掌握美术知识技能为目标的，以此目标来设计活动，活动内容与技能的要求匹配。教学是为幼儿学习某种美术的新知识、新技能服务的。这存在一个问题：如何衡量教学是否达到这个目标，主要是看孩子是否掌握了相关的知识技能还是说看孩子的画是否好看。

2. 以内容为主线

将孩子对周围生活的认识、态度和情感作为主要目标，选择适合孩子年龄的表现方法，让孩子能充分地表达对内容的情感体验，看孩子的作品是不是对内容有新的表现、体验。

当前幼儿园摒弃了以往的学科课程，采用主题课程的方式来呈现，把孩子放到生活背景中去，把学习活动整合起来，以此作为主题活动的资源。

主题活动的开展过程中，会有很多美术活动，但教师在实践操作时常常又回到只考虑学科目标的达成上，无视了美术表现主题内容、加深幼儿对内容的认识与情感的表达的作用。我们认为，在以主题内容为主线时，开展的每一个美术活动都应与主题密切相关，并应随着主题活动线索的逐步推进，加深幼儿对主题内容的认识和体验，从而达到方法为内容服务的效果。

二、与主题线索同步进行的美术活动——以"我们的动物朋友"为例

今天开展的美术活动区活动"饲养员请客"是"我们的动物朋友"这一中班主题中的一个，和新教材中的"在动物园里"、"在农场里"这两个主题内容都有关系。现就以此活动为例，分析在该主题中的美术活动是如何与主题线索同步开展，达成主题的要求，凸显其内容价值的。

喜欢亲近动物是幼儿的天性,他们喜欢观察动物的活动,模仿动物的姿态和叫声,阅读有关动物的故事,观看相关的动画影片,甚至时常装扮成动物,将动物视作自己的朋友。而动物不同的形态和生活习性,最能激起幼儿强烈的好奇心,成为幼儿最感兴趣的学习内容之一。在幼儿的许多活动中,我们都能看到动物的身影,由于动物之间的差异大都十分明显,因此也是中班幼儿最易于表达的图像,以下一些内容就是从幼儿的特点出发,更为集中地以艺术表现的方式表达幼儿关注动物、热爱动物的态度和情感。

主题要求:

1. 引导幼儿观察了解常见动物的外形特征,引起他们了解它们生活习性的兴趣,使他们萌发热爱动物的情感。(内容)

2. 有目的地在观察中比较各种动物的差异,用各种艺术方式表现它们各不相同的特征,表达对动物的喜爱。(表现方法)

首先从了解幼儿出发,回顾从小班到中班上学期积累的已有经验。

	小　班	中　班
内　容	喜欢并亲近各种常见动物,知道它们的名称,找出它们的明显特征	喜爱动物,对动物有更清晰的认识;能关注动物不同的外形特征和生活习性,有兴趣了解它们和人们生活的关系
表现方法	用符号表示动物的一般特征	表现动物的明显特征

活动一:动物住新房(绘画)

在这个活动中,教师提供大量便于幼儿观察理解的动物图像和幼儿喜欢的动物玩具,让幼儿按自己的喜好选择,安排各种各样的动物住进漂亮的新家,以此引起幼儿对动物的广泛关注。用比较的方法让幼儿发现每一个动物都有区别于其他动物的特征,例如:兔子的耳朵、大象的鼻子、长颈鹿的脖子。也可以启发幼儿联想到其他熟悉的物体,例如:梅花鹿的犄角像树枝,鸭子的身体像小船,绵羊的身体像云朵等。在让幼儿了解每一个动物都十分可爱的同时,教师要启发他们发现:只要把握动物的明显特征,就可以很自如地将动物描绘出来。

活动二：弯弯腰（折纸制作）

借助一首幼儿耳熟能详的儿歌"弯弯腰，像座桥，鸟儿飞来歇歇脚，蜗牛桥下慢慢跑，不是桥，不是桥，这是一只大花猫"来启发幼儿用画头部，折剪身体的制作方法，表现兔子、猪、狗和猫等动物的特征，这一方法也适合其他四条腿的动物。还可不断变换桥上飞来和桥下跑来的动物，使之成为一首编不完的儿歌。这样折纸制作就变得更为具体形象，创意无限。

活动三：饲养场（泥工）

"饲养场"的活动目的在于引导幼儿关注动物的生活习性，由于动物的种类繁多，教师可从幼儿最熟悉的家禽和家畜开始，借助科学图画书向幼儿介绍它们的生活习性。此外，教师可以选用有浓烈乡村生活气息的农民画给幼儿欣赏，引导他们学会利用自然材质和纸浆土进行创作。在幼儿参与制作的过程中教师还可以呈现一个个精彩纷呈的故事，这样有利于放飞幼儿无限美好的想象。

活动四：饲养员请客（活动区）

在开展了以上一系列活动之后，幼儿开始十分关注每一种动物究竟爱吃什么，"饲养员请客"这一活动也就应运而生（也就是今天大家看到的活动区活动）。大家所看到的幼儿表现的动物饲养员宴请动物是之前的一个集体教学活动。我们在活动区为幼儿提供了不同的材料和餐盘，幼儿不但可以随时增加新的动物朋友，还可以不断调换餐盘里的食物。

活动五：动物朋友在一起（活动区）

在活动区，幼儿开始自己动手来建造一个动物的家园，他们按自己的兴趣制作各种动物，尽情表现各种动物的生活场景。幼儿在以上活动中已经掌握了表现动物的方法，在这里可以大显身手、一展才能。除了运用绘画、折纸、使用纸浆土的方法以外，还可以用夹子、卡纸盒粘贴、添画组合的方法制作立体动物。与此同时我们还向幼儿介绍了围栏、树木、花草、水池、房舍及其他设施，让幼儿更广泛地利用积木、纸盒、瓶罐等材料，用自己的聪明才智建造一个美丽而舒适的动物家园。

活动六：动物面具（活动区制作）

制作动物面具满足了幼儿装扮的需求。面具原形是一个剪去一部分、留出了鼻子的半圆形，幼儿只要按动物的特征，剪贴出它们的耳朵，画上一些面部特征，再给该面具安上一条稍宽的松紧带就可完成制作。在制作时不必拘泥于动物的基本色，教师可启发幼儿采取改变深浅或选取相近的颜色等方法选配颜色，头部的装饰也可更为夸张，这样幼儿就能充分发挥想象力对面具进行装扮，从而更好地表现各种动物。

活动七：阿嚏（绘画集体教学）

《阿嚏》源自一本可以不断循环讲述的幽默故事书，其中包含着不同动物的习性。在幼儿已经初步学会画出各种动物的基础上，教师可以尝试引导他们不用惯用的图形来表现动物，例如公鸡用半圆形，狐狸用三角形，狮子用方形等，让幼儿发现任何一种物体都有各种各样的画法。有了这样的尝试后，幼儿画动物更轻松，造型方法上也会有更多的变化。幼儿可按照自己的想象随着故事的进程，无拘无束地大胆发挥。

活动八：咏鹅（折纸）

引用大家耳熟能详的古诗，在活动区里提供大小不同的浅色色纸，让幼儿既可按照自己的需要折出白鹅布置画面，也可与同伴一起完成画面，还能利用折纸作品可灵活取放的特点不断变化画面上白鹅的大小、数量和位置，想象各种有趣的故事，从形到色形象生动地表现白鹅们在清清河面上游动的景象。

通过以上一系列的活动，我们引导幼儿在广度（家畜、家禽、野兽）和深度（外形特征、生活习性）上对动物有了一定的了解，使他们在富有趣味的探索与表现中获得了许多新的认识和体验；同时，在活动过程中不同的艺术类型和适度递进的表现方法，也提高了幼儿表现自身认识与情感的积极性。

三、美术技能与方法为内容服务必须体现在全部教学过程中

尽管强调技能与方法为内容服务的理念已经为大多数教师所接受，但是在具体实施的过程中仍然会产生技能技巧、表现方法重于一切，甚至内容要求形同虚设的现象。

比如：在"饲养员请客"活动中，教师应该关注的是幼儿对哪些动物有兴趣，有没有新的发现，在给动物喂食时，进行了哪些探索。例如，给熊吃鱼时，幼儿对熊会不会游泳产生疑问，又如他们会思考哪些动物会吃相同的食物，能不能让它们坐在一个餐桌上等等。但是，有的教师只注意幼儿做的食物好不好看，像不像，甚至连幼儿将香蕉喂给兔子吃都没有发现。

又如小班活动"打电话"。这一活动既满足了幼儿对交往的需要，寄托了自己对同伴的情感，同时也是幼儿发展语言的极好机会。教师要做的是鼓励幼儿大胆涂鸦，凸显让小

朋友表现怎么打电话,想与谁打电话,想念他们时应该说些什么话的活动目的。然而,有的教师只顾及画面的效果,就为幼儿提供了漂亮的动物贴纸以替代幼儿的自主涂鸦,幼儿只能贴贴纸和画线条了。

以往,我们教师关注表现方法,在解读幼儿作品时只会关注谁画得好与不好,现在我们要关注的是幼儿对内容的体验。

再如"乘地铁"活动,以前我们重点关注让幼儿把一个个方块贴齐,把窗、轮子画齐就可以了。现在我们的着眼点在于孩子自己的行为,所以在作品中地铁车站的中央,我们留有空间让幼儿自由发挥,让幼儿按自己的想象表现乘坐地铁的情景。这样不但有利于幼儿自如地去表达,而且也为教师了解幼儿图式提供了极好的机会。从幼儿的表现中,我们会发现他们创造了各种图式,比如,来来往往的人,地铁里还有很多的座位等。教师可分析现场小朋友的作品。

▶ 任务体验 TASK

平平安安

延续上一讲"三羊开泰"学说成语的要求,从发现青花瓷上的新成语到寻找含有数字1—10的成语,继而运用图文的方式发现更多的成语,体会我国语言的优美和丰富。

活动一:认识青花瓷瓶

了解青花瓷上装饰纹样的含义,自创青花瓷瓶纹样。

活动二:平平安安

找成语,并对应摆放1—10个瓶子。

讨论:是先找成语再放瓶,还是先放瓶再找成语,1和2没有前后关系要不要找成语。

活动三:图加文画成语

不受数字1—10的限制。

活动四:猜灯谜

由家长猜幼儿自创的、由图文表述的成语。

通过以上活动内容可以看出,从教师教第一个成语"三阳开泰"开始,幼儿习得的成语内容在逐步扩展,到最后完全由幼儿自定学习的过程,摆放瓶子的活动有利于幼儿认识更多的成语。

第 三 讲
让幼儿在
美术活动区
玩起来

本讲通过展示三个不同年龄段的幼儿美术活动区活动，详细介绍了美术活动区与一般集体教学活动的区别，并剖析了如何在活动区进行材料的投放，怎样在设计活动时将内容与孩子的生活经验有机衔接并逐步推进活动区的有效开展。

活动展示

活动 3-1　吸尘器（小班活动区）
执教　　吴术燕

活动要求

1. 尝试用笔当吸尘器在纸上画出各种线条来模拟为房间吸尘,再现打扫房间的情景。

2. 联系生活经验,了解活动的顺序并对操作各种材料产生兴趣。

活动环境

1. 由纸盒做成的房间场景:盒盖上标明卧室、洗手间、餐厅、客厅、厨房等,表示不同的场景。底部放有与纸盒底部相同大小的画纸;

2. 对应的小家具数筐;

3. 数组将幼儿涂鸦人物贴在乐高积木上做成的人偶。

活动材料

1. 用两支不同颜色的水笔捆绑在一起模拟的吸尘器;

2. 其他材料:不同长短、形状各异的色纸,水笔。

活动过程

1. 观察材料,了解纸盒表示哪些房间,了解活动内容和材料依次取放的顺序;

2. 选取一个房间场景,用水笔吸尘器模拟吸尘;

3. 依次拿取对应的家具和人偶,放在房间内玩一玩。

观察与引导

1. 幼儿是否乐于联系生活经验开展活动,他们最喜欢哪些内容,有何新创意,可选取哪些新创意进行分享。

2. 在模拟吸尘器吸尘时出现了怎样的线条,是否出现首尾留空或不断重复相同线条或不断画圈等问题,怎样结合生活情境进行引导,怎样利用情景鼓励幼儿展开想象。

3. 幼儿在摆放材料后怎么玩,有哪些想法和玩法;怎样引导他们变化着使用材料,越玩越有劲。

延续

1. 想象人偶在屋子里做的有趣活动;

2. 利用其他材料:画一画、折一折、卷一卷,做成场景需要的物品。

想一想

在不同的房间场景中,利用已有的纸片、橡皮泥等可以拓展制作哪些物品?

自 评

吸尘器是目前家庭中使用得最广泛的一种家用电器,插上电源以后推着它在地板上"呼呼"地跑动,就能把家里打扫得干干净净,本次活动区的活动就是基于这一情景开展的。活动时,幼儿把画纸当地板,将画笔当作吸尘器,模仿吸尘的动作在纸上不停地画圈,画直线、画横线或者斜线。多次重复以后,画纸上就会出现一张美丽的"地毯"。之后,便可进入"摆放家具"环节。在这个过程中,教师引导幼儿用粘贴的方式来摆放家具。幼儿边摆放,边辨认家具与房间功能的关系,还可以学着辨认每一种家具自身的功能,尝试着将它们端端正正地摆放在房间里,使屋子焕然一新。在这个活动中,老师可以引导幼儿分辨模拟吸尘后"地板"上出现的各不相同的"地毯"。如果幼儿有兴趣,还可以为他们提供更多画纸,让幼儿多次尝试"吸尘"。基于这个想法,我们在活动中提供的是活动"地板",即下次活动时,幼儿可以把原先的"地板"抽掉换张纸继续玩。这样,一个活动区的材料可以多次重复使用,让小朋友多次尝试。另外,粘贴的家具也可以分几次使用,教师可以引导幼儿更加关注这些家具的功能,这样幼儿在粘贴时对于家具的具体摆放也会更有意识。比如,幼儿想到客厅,就会选择粘贴沙发、电视机……把自己生活中的经验迁移到活动区的活动中来。同时,活动的最后,我设计提供了一些人偶。家里有了人,这个家就热闹了起来。在家具摆放好后摆放人偶,摆放人偶时,可以让小朋友模拟家里的一些活动场景,这样,原先普通的房间场景,就成了一个缩小化的角色游戏场景!所以,这是一个可持续开展、不断开发的活动。随着幼儿能力水平的提高,到后续还可以提供一些小纸片、橡皮泥等材料来满足幼儿对家里的其他物品的需要。利用提供的纸片、橡皮泥,可以让幼儿自己去DIY出他需要的一些物品,比如桌上可以摆碗,厨房里面要有锅,挂在墙壁上的是铲子等,使这个活动区可以延续下去。

活动 3-2　小厨师大显身手（中班活动区）

执教　　吴燕华

活动要求

1. 有观察菜谱的兴趣，分辨菜谱中不同的蔬菜和味道，爱吃各种蔬菜。
2. 尝试运用炫彩棒晕色的方法表现想象中菜肴的色香味。

活动环境

1. 模拟小厨房：煤气灶、炒锅、铲子、碗橱等以及各种餐具。
2. 放置各种实物或蔬菜卡片的冰箱或菜篮。
3. 幼儿熟悉且喜爱的幼儿园菜肴照片。
4. 餐桌。

活动材料

1. 与餐盘匹配的画纸、炫彩棒、清水、毛笔；
2. 橘皮、绿色手工纸、固体胶；
3. 其他材料：一次性碗、盘，具有中国特色的餐具图片或实物。

活动流程

1. 选取一张菜肴照片，从菜篮中找到对应的蔬菜；
2. 切菜：分辨蔬菜的颜色和形状，选用颜色对应的炫彩棒画出其形状；
3. 将菜放进油锅炒拌：加水晕色中注意颜色调和的效果；
4. 放入葱姜：用橘皮表示姜，绿色纸片表示葱叶；
5. 装盘：对照图片，将炒好的菜放进自己的纸盘；
6. 开饭：将做好的菜端上餐桌。

〔关键指导语〕

1. 看看你要烧的菜的图片，里面有哪些蔬菜？它们是什么颜色？需要切成什么形状？一块块的呢？还是一条条的？

2. 你的刀功真好啊！一丝一丝的青椒！

观察与引导

1. 幼儿是否按自己选取的菜谱有目的地找到了对应的蔬菜；

2. 幼儿能否把握做菜中的每一道程序，模拟做菜时教师可在情境中提示他们需要关注的步骤；

3. 在选用炫彩棒和加水调和的过程中，运用"炒熟烧透"、"切勿烧焦"等语言引导幼儿关注颜色的调和；

4. 幼儿增添了哪些食材，了解其意图，适时提供对应的新材料；

5. 在让幼儿自制餐具时，鼓励他们观察家中的成套餐具，利用实物和照片，引导幼儿了解它们不同的样式，让他们尝试把握四角、四边装饰图案的画法。

延续

1. 补充照片和新上市的蔬菜，调换新的菜谱；

2. 自制餐具；

3. 模拟幼儿园的"节日午餐"、"娃娃请客"、"全家福"等聚餐活动。

想一想

如何将幼儿"制作的菜肴"和角色游戏有机结合？让幼儿玩起来。

美味的食品是幼儿十分感兴趣的内容。这次活动通过让幼儿自己来扮演小厨师，模拟制作各种好吃的菜肴、水果和点心，使他们发现同样的菜在没炒之前和炒熟之后，同样的水果在切开前和切开后，都会发生奇妙的变化；同样的，点心可以被做成意想不到的样子。这些发现都是幼儿从未有过的经历，他们会在不断尝试中获得新知，体验品尝美味的快乐。

一盘好吃的菜必须要做到色香味俱全。模拟做出的菜虽不能品尝，但可在色和香上下功夫，因此教师除了为孩子们提供美术的工具材料以外，还可以和幼儿一起搜集些有香味的橘子、柚子或柠檬的皮，洗净晾干后加以利用。

模拟做菜前，教师可以利用菜谱上的照片引导幼儿思考：准备做哪些荤菜和素菜，切成什么形状。然后用炫彩棒画出模拟加工后荤菜和素菜的样子，再用小毛笔沾上清水，将颜色晕开。为了增加色与香的效果，还可以利用晒干的果皮和其他一些有厚度的材料模拟荤菜进行粘贴。

做好菜以后，教师可启发大家来替这些菜肴起个好听的名字，还可邀请厨师阿姨参加活动，并请阿姨把大家认为可口的好菜做在午餐的菜肴里。或者也可鼓励幼儿将自己喜欢的菜肴推荐给爸爸妈妈，让他们和爸爸妈妈一起来做做这些菜肴，品尝它们的美味，真正体会什么是色香味俱全。

活动 3-3　消防演习（大班活动区）

执教　朱　雯

活动要求

1. 利用已有折叠机器人的经验，为游戏准备材料。
2. 初步把握"消防演习"游戏的玩法，体验机器人为人们服务的本领。

活动环境

1. 消防队员演习现场的照片；
2. 着火的房屋、自制棋盘两个、骰子一个；

活动材料

1. 金银手工纸、彩色水笔、剪刀、固体胶；
2. 其他材料：制作增加消防演习游戏难度的棋盘或内容的材料。

活动流程

1. 利用金银手工纸制作两队消防员；

【关键指导语】把银色的一面朝外，把金色的一面藏在里面。每一步都要用手指甲帮帮忙，压压平。

2. 折叠机器人，同一队伍全部完成折叠，同时出发；

3. 站在棋盘起点，按以下规则开展游戏：

（1）必须用自己折的机器人参加游戏；

（2）从起点出发，轮流按骰子上的数字决定前进的步数；

（3）必须在棋盘上规定的格子中前进，不能跳跃；

（4）到达棋盘中的房子为最后一步，正好到达即可救出被困者，如果超过表示救援受阻，必须退回数步；

（5）先到达者应立即寻找近路支援其他人,解除灾情后游戏结束。

观察与引导

1. 幼儿是否能独立地折出机器人,联系步骤图引导他们关注以下关键步骤(有条件的情况下,鼓励幼儿不依赖步骤图直接完成折纸活动。):

第一步:宝塔——折机器人先要折出什么,要将宝塔的哪一部分折成机器人的头?

第二、三步:开刀部分——分辨两张图,思考在用剪刀剪开哪里?

第四步:机器人——折机器人头部的时候,需要特别注意什么?

2. 孩子们是否能进行团队合作,共同完成任务:

（1）启发同一团队中先折出机器人的幼儿帮助同伴共同制作。

（2）先抵达终点完成救援任务者,立即选择最近的路线救援邻队,不比输赢。

3. 幼儿是否了解游戏规则,引导他们在遵守规则的前提下或灵活运用,或增加或改变规则。

延续

1. 在符合消防演习情境的情况下增加规则;

2. 增加救援项目,例如:被困人员增多,发现易爆物品、需要搬运重物等;

3. 扩大棋盘、改变路线或增加行进中的障碍。

想一想

如何让平面游戏棋变为立体游戏棋? 幼儿如何参与到制作游戏棋盘等的活动中?

自 评

随着科技的进步,机器人对幼儿来说已经不再是陌生的事物,它与人相近的举动,能引发幼儿强烈的好奇心。生活中我们会看到幼儿时而模仿着机器人的举动和说话的节奏,时而又会好奇地发问："机器人能帮我们干什么？"虽然现在幼儿尚不明白机器人制造背后高深的科学原理，但是教师可以让他们感受到科学家们为制造机器人付出的不懈努力，以及机器人对改变人们生活所具有的不可估量的潜力，可进一步引导幼儿想象自己将成为机器人的发明者，用自己的智慧创造出新一代的机器人。

这一主题活动有以下两个学习目标：

1. 了解机器人是现代科学发明的成果，新型机器人正在代替人们从事繁重的劳动和危险的工作，使人们的生活越来越美好。

2. 运用想象大胆表现机器人不一般的功能，模拟开展科学家制造机器人的活动。

经过一段时间的活动，幼儿会从关注机器人外形的变化，到开始关注机器人的工作。幼儿常会讨论思考：人们自己可以做的事为什么还要机器人来代替？在教师的帮助下，他们发现机器人在人们不易做到或做起来有危险的事中可以发挥积极的作用。利用小小的发条机器人做几个模拟实验，就能为提高幼儿探索兴趣创造有利条件。此次我们采用的机器人消防演习只是其中一个简单易行的活动。幼儿可以利用平整的垫板布置设有发条机器人、着火的房屋和被困居民位置的消防演习场景，然后开动发条机器人，让它们穿过着火的房屋救出被困居民。三者之间的距离以及救出被困居民的人数都可随操作的熟练程度逐渐增加。在幼儿基本掌握玩法后，还可以让他们与同伴合作，开展模拟联合演习。

在这个活动中，我们特意安排幼儿自己来折机器人，这为以后幼儿自创模拟机器人活动打下了基础。

活动评析

今天的三个活动都是美术活动区活动,以下依序对它们进行评析。

第一个活动区活动是小班"吸尘器"——着重讲让材料说话的问题。

这个活动内容跟"桌面娃娃家"非常类似,因为用蜡笔涂画来模拟吸尘,是用了美术的表现形式,所以我们把这个活动放在美术活动区里。在幼儿第一次玩这个游戏的时候,必须要让幼儿了解的一个关键问题便是顺序——幼儿该先拿什么再拿什么,这是小班幼儿最容易弄混的地方。为此教师将所有的材料都作了分类,并将其依次排列为:(1)用纸盒做成的房间,每个纸盒盖上都标注了不同功能;(2)地板——与纸盒底相同大小的画纸,吸尘器——两支捆绑在一起的蜡笔;(3)分别盛放不同功能家具的篮子;(4)分成若干组的人偶。这四种材料的排列顺序,暗示了孩子们操作的顺序。活动中,幼儿就会先选取一个"房间",在选取房间以后,按照先吸尘、再放家具、最后再去拿人偶的顺序,自如地、有条不紊地开展活动。随着活动的推进,以后教师还可更具体地启发幼儿想象每间房间的人偶在做什么,并提供一些纸、笔、彩泥等材料,排列在人偶的后面,使这一活动的内容越来越丰富。

作为美术活动区的活动,"吸尘器"的乐趣主要体现在模拟吸尘的涂鸦上,孩子们的能力从无控制的涂鸦向有控制的涂鸦发展。比如,从上到下的直线,从左到右的横线,或者画圈等,都是有控制的涂鸦。幼儿在有控制的涂鸦过程中会建立联想,渐渐画出图像,并开始学会命名。这就表明幼儿的能力发展到了涂鸦后期。教师还可以再进一步对其进行引导,例如,幼儿画出直线或横线,教师可以启发:"能不能让吸尘器斜着穿过去,一下就吸到很多灰尘?"或者:"吸尘器能不能弯弯曲曲地走,把两边的灰尘一起吸掉等?"这样,幼儿在教师的启发下,就会尝试创造出更多不同的线条。再如,我们看到有很多幼儿喜欢画圆圈,教师可由此进一步启发,在圆形图案上略作添加使之成为不同的图像,使幼儿乐于表达与同伴不同的想法。

第二个活动区活动是中班"小厨师大显身手"——着重讲一讲美术活动区的学习内容来源于生活又还原生活的问题。

"小厨师大显身手"这个活动来源于中班主题"好吃的食物",是幼儿非常感兴趣的题材。什么样的学习内容是适合幼儿学习这一主题的?经过观察发现,幼儿已经认识了许多蔬菜，也能分辨许多菜肴，但还不能自如地将两者对应起来，甚至觉得同一种蔬菜在生和熟两种状态下是两样东西。为此，我们选择了这个切入点——通过引导幼儿学做小厨师，让孩子们去了解他们所食用的蔬菜生的时候是什么样的，烧熟了又会变成什么样。另一方面，我们看到幼儿在角色游戏里，经常会表现烧菜，炒菜的情景，但大多是摆弄一些现成的材料。因此，这次我们试图通过美术活动来模拟做菜的过程，在游戏情景中加深幼儿的生活体验。

这一活动表现了教学从生活中来，又还原到生活中去的过程。

我们在幼儿午餐的时候，把当天菜肴中用到的蔬菜陈列在边上，让幼儿对菜肴有一个直观的认识。如果幼儿一致认为这个菜挺好吃，就立即将它拍成照片。通过这样的做法，在日常点点滴滴中渗透，让幼儿渐渐地积累许多直接经验，所以到这次活动时，幼儿看到这些熟悉的菜谱，都能说出它们的名称和里面有些什么食材，在模拟烹调时也能按照自己的爱好选择菜谱。我们也发现以前一说到做菜，老师们就去网上找菜谱，让孩子们去"开饭店"，结果幼儿只关注了形式，却无法体会内容，活动成了没有情感体验的"花架子"。其实"开饭店"对幼儿园的孩子来说并不是每天接触的生活，他们更多的是在家里吃饭，在幼儿园吃饭。所以我们就要把活动场景回归到孩子们的日常生活中去。

在后续的活动区活动里，我们还会提供一次性餐具，便于幼儿用模拟炒菜的方法给娃娃做一盘菜，或者找几个小朋友一起来做厨师，烧一桌菜，一起来分享。这个活动的后续还可以让孩子们做水果拼盘，做小点心……这些都可成为美术活动区里幼儿乐此不疲的活动。

第三个活动区活动是大班的"消防演习"——着重讲一讲幼儿折纸。

幼儿折纸是我国具有悠久历史的民间艺术形式。七十多年以前，在我很小的时候，那是抗日战争时期，我仅有的娱乐活动就是用废纸折纸。战败后的日本将中国的折纸艺术带了回去发扬光大，我看到我们现在好多的折纸材料大部分都是从日本引进的，而我们自己的折纸活动却越来越少。在本次活动中，这场活动是第一次给大家展示折纸，接下来还会有第二次和第三次。希望我们一起来保护好我们自己国家的文化遗产，这也是幼儿园老师不能放弃的责任。

折纸不需要集体教学，它就应该在美术活动区里进行。我常看到很多幼儿园的美术活动区有折纸步骤图，可是会折的幼儿不去看，不会折的幼儿看不懂，活动区冷冷清清。新教材里涉及折纸的内容不少，喜欢折纸的幼儿却越来越少。比如，在中班"我爱我家"的主题中，有个折小家具的活动，不知道有没有老师教幼儿折过？很多老师说，步骤太多太难了，幼儿学不会。其实问题在于我们没有按照折纸方法从易到难的规律来教。幼儿园折纸可按幼儿手眼协调能力水平归结为十个互相关联的基本方法。幼儿从小班开始就可尝试折纸，需要掌握的基本方法就是对折——"对角折"、"对边折"、"两边向中线折"、"四角向中心折"。如果小班幼儿掌握了这些折法，在中班学做"小家具"时，就只剩两个步骤了：（1）四角向中心折，重复四次；（2）四角向外拉。不是很简单吗？即便是步骤图，也只需要出示这两步，而不是一长串复杂的示意图。如果没有"两边向中心折"的经验，而是一味将步骤细化为几十步，那么中班幼儿当然不会折。

再说今天大班活动"消防演习"中的机器人就是折"双三角"。"双三角"是大班幼儿需要掌握的基本折法之一，还可由此衍生出"双正方"、"双菱形"的折法。机器人就是用"双三角"折法折出宝塔和皮球的组合，它的难点只有一个，就是要在宝塔的中部剪一刀，然后做皮球。可见，折纸教学根本无需让幼儿一步步地模仿。所以，每次贴上复杂的步骤图，或者折一步学一步的折纸教学，就是"死教"，结果就是"教死"；幼儿害怕了，老师也害怕了。只有做到承上启下，让经验不断对接，幼儿才会越学越轻松，越学越灵活。

参加今天活动的幼儿都是已经折过机器人的，可是以前是用薄纸折的，今天活动中用的是铝质纸，厚度增加了，难度也相应提高了，所以有一个"很厚的纸一刀剪不动怎么办"的讨论，通过这个讨论就可以把幼儿个人的经验变成大家的经验。

除此以外，就是在尝试中了解玩法。例如：机器人救援可以有几位消防员参加，怎样走到火场，该怎么选路，如何前进、后退，一队机器人完成救援任务以后该怎么去支援另一队等等，这些基本的规则，必须让幼儿通过操作直观地了解，我们还可以在幼儿了解玩法以后增加或改变规则。这个游戏的前提是幼儿必须拿自己的机器人来参加，也许起初会折机器人的幼儿不多，但通过老师的指导，会折的幼儿数量就会像滚雪球那样逐渐增加。此类机器人的游戏还有"寻找黑匣子"、"机器人大扫除"、"地震救援"等。

折纸就是一张平面的纸经过折叠变成立体的玩具的过程，它可发展出各种游戏活动，是简单易行、不可多得的一种幼儿美术创作方法，希望通过本书本讲及其他相关内容，能让折纸艺术在你们手中发扬光大。

（李慰宜）

主题研讨

让幼儿在美术活动区玩起来

——加强美术活动区活动的游戏性

（主讲人：林建华）

一、美术活动区的特征

以往人们对幼儿美术教育研究的关注点较多地集中在集体教学，而较少关注美术活动区。许多教师常常把美术活动区当作集体教学前的铺垫或集体教学后的延伸。

随着课程改革的不断深入和对幼儿自主探索学习愈加关注，我们发现美术集体教学活动虽然有其独特的优势，但是并非所有的美术教学活动都要通过集体教学活动的形式来完成。活动区活动更有利于幼儿在活动过程中自主地探索和发现，在活动区活动时，幼儿能按照自己的方式进行学习和表现，不断积累各种经验。活动区活动真正满足了幼儿个性化表现的愿望，提升了他们表现与创造的能力。

幼儿美术活动区活动既含有艺术表现的内容，又具有情景化、游戏化的特征，它与一般的集体活动教学或游戏相比有以下几点区别：

1. 与美术集体活动教学的区别：活动区活动更强调在内容驱动下的主动学习和自主表现，凸显了方式的多变性和结果的不确定性，它和美术集体教学活动互相推动，不是美术集体教学活动的铺垫与延伸。

2. 与角色游戏的区别：活动区活动是以情景内容为动机，艺术表现为手段，通过操作探索，实现个人愿望的学习方式。美术活动区的活动强调艺术表现的过程，角色游戏则强调习得社会性的行为。

3. 与一般规则游戏的区别：美术活动区的活动的规则与方法是随着表现材料和创意内容的变化而变化的，它为幼儿更有条理地使用材料和大胆表现创造了条件。

美术活动区的活动无论以内容命名还是以领域命名，均应以能实现主题活动内容与要求为前提，一个适度新颖的材料或表现方法，只有在进一步激发幼儿对客观事物的好奇心和情感体验时才是适合的，相反则会导致其沉浸在对操作材料探索的兴趣中，与现实生活渐行渐远。

二、当前美术活动区中存在的问题

回顾我们对幼儿美术活动区的研究进程,大致经历了以下两个阶段:

第一阶段:关注活动区活动和主题活动的有机联系。主要表现在活动区活动的内容选择和主题相关,活动区幼儿作品展示和主题环境创设相关。

第二阶段:关注活动区活动和集体教学相互衔接。

经过第一、第二阶段的研究,我们发现活动区仍然存在以下几方面的问题:

问题1:教师只为展示,幼儿被动参与。一些教师将幼儿的作品用来布置墙面,幼儿成为被动的操作工。幼儿说的最多的一句话就是"老师,我画好了"而不是"我还要玩"。

问题2:将动手做和玩割裂,做的不玩,玩的不做。导致做的幼儿因没有玩而失去继续表现的兴趣;玩的幼儿只是一味地操作摆弄材料,没有进行艺术表现和创造的愿望。

问题3:不了解玩法,胡乱摆弄。在实际活动的过程中因为缺乏游戏规则或幼儿没有遵守游戏规则使"玩"变成了瞎玩,而且这种无目的的瞎玩导致幼儿之间经常发生争执,让原本富有游戏性的活动内容失去了原有的价值。

三、思考和调整

加强美术活动区活动的游戏性,使活动区活动能够真正让孩子们"玩"起来。

对当前出现的问题作适当调整:

调整一:做玩结合,积极主动。

调整二:做好就玩,边做边玩。

调整三:方法在先,了解规则后再开展活动。

美术活动区的实施策略可归纳为以下几点:

1. 创设模拟场景,诱发表现动机。

场景可以是简单的,由玩具诱发、材料诱发或背景诱发。

2. 在不同内容之间建立情景连接。

3. 可以对同一个活动内容进行不断拓展。

4. 设计是关键;观察、回应、调整是保障。

　　一个好的活动区活动设计是让孩子可以"玩起来"的基础。但是再好的设计也离不开观察。在实际操作中孩子的表现可能与我们的设想有出入，教师应仔细观察幼儿的行为并作出回应，及时调整材料或内容的呈现方式，这样才能使活动区真正为孩子所喜爱。

▶ 任务体验　TASK

走 迷 宫

　　1. 不怕冷的雪松

　　（1）操作：剪一棵雪松；共同布置冬季树林。

　　（2）思考：怎样通过"剪纸雪松"这个活动去引导幼儿从关注树木的变化发展到关注冬季的季节特征。该活动在认知和剪纸操作上与幼儿已有经验有何联系。

　　2. 活动区活动——走迷宫

　　（1）思考：走迷宫1——"给过冬动物送食物"应有哪些规则？幼儿通过这一游戏可以积累哪些关于冬季季节特征的经验？教师可以提供哪些材料支持幼儿的表现？该活动对幼儿已有经验有何推动？

　　（2）操作：走迷宫2——在春天里：树林、草地、田野

　　怎样设计一个表现春季季节特征的迷宫？在内容上、迷宫道路的表现方法上可以有哪些改进？

第四讲

美术活动中的

教与学

本讲聚焦美术活动中的教与学，展示了将折纸、剪纸等方式融入活动区教学的具体做法，并进一步分享了在材料选择与投放、步骤讲解要领、区角环境创设等方面启发孩子兴趣、激发孩子美术创造与表现欲的具体教学策略。

活动 4-1　葫芦兄弟（中班集体教学）

执教　李　晶

活动目标

1. 初步感知葫芦娃的明显特征，愿意学习他们的本领。

2. 尝试用多样工具材料进行操作，体验向葫芦娃学习本领的快乐。

活动准备

1. 深浅、大小不一的黄色纸、一次性葫芦叶印章、彩色水笔、剪刀、固体胶。

2. 七个葫芦娃、七支颜色与之对应的水笔。

3. 画有葫芦藤和数片葫芦叶的场景。

活动过程

一、再现情景

1. 出示七个葫芦娃，说说他们有什么特别的地方？

2. 说说每个葫芦娃的颜色，寻找颜色与之对应的水笔。

3. 谈论各自佩服哪些葫芦娃，他们分别有什么本领？

二、了解步骤

1. 种上一颗葫芦籽（用绿色水笔在画纸上点一个小点）。

2. 种子发芽钻出地面，长成细细的葫芦藤，爬满一院子（老师和幼儿共同用接力的方式轮流演示，连续画弧线和圈圈，使整张纸布满葫芦藤）。

3. 葫芦藤上长出许多叶子（敲印一次性葫芦叶印章）。

【关键指导语】藤蔓上面有叶子，下面有叶子，到处都有叶子。

4. 长出葫芦（对折剪纸，画上葫芦娃的外形，将其贴在藤蔓上）。

三、创造表现

1. 按照葫芦生长的过程思考操作步骤：葫芦藤绕来又绕去,葫芦叶越长越多。

2. 按自己的愿望有目的地选择色纸,对折剪出葫芦。

3. 逐一观察对照,表现要学习的葫芦娃的模样。

四、展示交流

1. 用目测的方法数一数,大家各有几个葫芦娃。

2. 找出大家都佩服的葫芦娃,谈论我们要怎样学他们的本领。

自　评

　　幼儿对葫芦并不陌生,常会在日常生活中看到或玩过,而《葫芦兄弟》这一充满中国风的动画片更是深受幼儿喜爱。

　　七个葫芦娃有七种不同的本领,虽然他们是虚拟的人物,但也成了幼儿十分乐意仿效的对象。我们经过认真分析,发现每个葫芦娃的特点和幼儿平时的行为习惯都密切相关,于是我们尝试利用葫芦娃不同的个性,来培养幼儿养成良好的行为习惯。

　　七个葫芦兄弟虽然颜色不同,但动画造型相同,且这些造型对现实人物特征进行了动画式的夸张变形。为此,教师可以在活动中引导幼儿观察和发现这些人物和平时表现的图像有哪些区别,在添添画画中试着表现葫芦娃的特征,体会变化中的新鲜感,这有利于打破幼儿较为划一的人物图像创作模式。

　　该活动在中班上学期进行过,中班上学期我们是这样进行的：前期,在一活动区用母版拓印的方式让小朋友拓印了一个葫芦,然后再通过剪下这个葫芦进行贴画,使之变成葫芦娃。到了中班下学期,我们对这个活动的延伸重点就落在了"对折剪纸方法"上,即让小朋友在观察葫芦"是上下两个形状大小不一样的圆形的组合"后,运用目测的方法尝试剪出葫芦。此活动较之目测剪树叶或大树等又进了一步,是对幼儿空间想象能力的又一次挑战,也为之后幼儿目测剪出更多图案打下了基础。

活动 4-2 青蛙跳水（大班活动区）

执教   吴玉婷

活动要求

1. 联系已有经验，比较"双三角"的两种折纸方法，探索适合折青蛙的方法。

2. 利用折纸开展青蛙蹦跳捉害虫游戏，在尝试跳得远和跳得高的过程中，体验青蛙的本领。

活动环境

1. 青蛙捉害虫的图片或照片。

2. 由透明纸拼贴而成的模拟池塘。

3. 用旋涡表示青蛙在水中的位置，用橡塑纸制作荷叶。

4. 面对面折出"双三角"之后的折青蛙步骤图。

活动材料

1. 深绿或浅绿色手工纸。

2. 塑封的蚊子图像若干。

活动流程

1. 观察青蛙吃害虫的照片，了解青蛙跳得远、蹦得高以及吃害虫的本领。

2. 观察纸折的青蛙，发现面对面的两个"双三角"，联系已有经验，探索青蛙的折法。

3. 看图纸说符号，识读后面几个步骤的示意图，按步骤完成折纸青蛙。

4. 将已经折叠成的青蛙，放在池塘里设法让它跳起来。

5. 尝试用自己折的青蛙捉害虫，规则如下：

（1）在荷叶上放上蚊子；

（2）任选一个旋涡，放上自己折的青蛙，开始往前跳。

观察与引导 ••

1. 在折面对面"双三角"时幼儿有哪些不同的探索表现,怎样解释这些表现,怎样鼓励幼儿自己去比较尝试,找到方法;

2. 幼儿能不能把握后面几个步骤,有没有进行观察、记忆和比较归纳的尝试,有哪些可以借鉴的方法;

3. 幼儿有没有发现青蛙跳出的距离、蹦起的高度是不同的,可采取何种方式激发幼儿探索的兴趣。

延续 ••

1. 增加游戏规则:

增加蚊子的数量,青蛙捉住一个蚊子后,可以继续往前,跳到另一张荷叶上去捉蚊子。

2. 探索折青蛙和手指按青蛙的诀窍,寻找让青蛙迅速蹦上荷叶的方法。

自 评

在夏季的池塘里,经常可以听到呱呱的蛙鸣声,那是青蛙在唱歌。很多幼儿都认为那是他们在春天饲养的小蝌蚪长出四条腿被放进池塘后长大变成的青蛙。现在小青蛙们长大了,都来捉害虫了,他们多么高兴啊!因此,运用折纸开展青蛙捉害虫的活动是很受幼儿欢迎的。但是,在"小蝌蚪找妈妈"活动中折出的青蛙无法跳跃,要使青蛙能跳起来,必须改变折法。

在很多折纸书里都有折青蛙的内容,但步骤十分复杂,幼儿只能跟着老师一步步地死记硬背、机械模仿,幼儿难以产生兴趣也不易学会。教师应联系幼儿原有的经验适度推进。折青蛙的基础是折双三角,幼儿在中班折康乃馨时已经有过相关经验,只是那时他们需要掌握的不是折双三角,而是要掌握折叠后向里推的方法。比如,大班折叠宝塔是幼儿将中班的经验迁移为折叠双三角,之后在折叠机器人时,又将双三角从折叠宝塔延伸为折叠皮球,并使两者组合起来。"小蝌蚪找妈妈"中的青蛙虽然不会跳,但也是双三角变化而来。利用长方形的纸折会跳的青蛙仍然延续了幼儿以前折双三角的经验,只是此时应折出两个相对的双三角,教师应引导幼儿在向里推和一正一反折叠后打开这两种已经掌握的方法中探索究竟使用哪种方法更为便捷。经实验后会发现向里推成双三角的方法似乎更为实用,否则冗长的折叠步骤会使幼儿晕头转向。抓住双三角这个已有经验,只要教会幼儿之后的六个步骤,一切问题就迎刃而解了。在活动区,教师还可鼓励幼儿互帮互学,他们的交流有时比老师的教学更为有效。

检验自己的青蛙是否能跳得高又跳得远,更是幼儿的兴趣所在,青蛙是否灵活不但与折叠力度、折纸时纸张的细微偏差度有关,而且与按动青蛙的手势也有极大的关系。教师可为幼儿提供一个模拟的池塘,设置青蛙跳水的场景,让幼儿将自己的青蛙放进模拟池塘,练习跳高和跳远,这样幼儿会在尝试中不断发现各种窍门,玩出智慧。

活动4-3 美好的日子(大班活动区)

执教 刘 颖

活动要求 ···

1. 尝试变化着运用对折剪纸的方法,表现多个男孩女孩手拉手的图像。

2. 运用自己的剪纸作品参与画面布置,再现在幼儿园里美好的时刻。

活动环境 ···

1. 用照片展示幼儿园中值得大家共同回忆、让人印象深刻的活动;

2. 毕业之际,共同商议选择一个内容主题,完成场景的布置;

3. 幼儿以往的剪纸作品。

活动材料 ···

1. 不同大小的方形和长条形彩色手工纸;

2. 剪刀、固体胶。

活动流程 ···

1. 按自己的需要,选取长条纸或方形纸;

2. 确定不同的折法,按自己的思考折叠分割剪纸,启发先完成的幼儿帮助同伴共同制作;

3. 剪出基本形象后思考如何镂空剪出细节部分,如五官、发型、衣服花纹等;

4. 共同商议将剪纸贴在画面上的哪些位置,丰富场景;

5. 结伴在场景前合影。

观察与引导 ···

1. 场景是否是幼儿感兴趣的内容,有没有足够让幼儿表现的空间,还可作哪些调整;

2. 幼儿运用的剪纸方法中哪些方法使用得较多（少），怎样运用以前的剪纸教学经验，引导幼儿发现不同的剪纸方法，并进一步尝试新方法；

3. 幼儿在活动时是否进行了共同商议，布置场景时有没有关注排列组合和颜色配合，能否引导他们相互启发作出适当调整。

延续

1. 调整排列组合和折剪方法，表现更多的内容；
2. 选取新的场景，商议采用新形式、新方法进行表现。

自 评

这是一个大班的活动区游戏，先说一说这个活动的设计构思。

大班下学期的幼儿好像一下子长大了很多，时时刻刻都在盼望着即将到来的小学生活，他们开始热衷于模拟小学生的学习和生活，入小学成了他们经常谈论的话题。幼儿园也会注重在学习、生活习惯等方面与小学衔接，为幼儿顺利适应小学的学习生活作好各种准备。以"我要上小学"为主要内容的美术活动，就试图从各种不同的角度选择幼儿感兴趣的题材，采取富有情趣的方式，营造生动活泼、积极向上的审美氛围，引导幼儿沉浸在对未来学习生活的美好憧憬之中。

要求：

1. 让幼儿为自己的成长而高兴，了解小学和幼儿园的不同，用各种方式表达上小学的愿望。

2. 引导幼儿以愉快的心情告别幼儿园，乐于为幼儿园和同伴留下美好的记忆。

经过三年的朝夕相处，幼儿与老师都会感到不舍，尤其是寄宿班的幼儿，对幼儿园的感情更加深厚，他们都想在这最后的时刻留下美好的回忆。师生共同制作一面背景墙，可以帮助幼儿达成这一心愿。

活动采用剪纸的方式，不但尽显中国特色，而且也给了幼儿再一次显示才能的机会。教师可以和幼儿共同商讨记忆中印象最深刻的内容，例如：草地上的嬉戏等，让幼儿园小朋友自行决定想要表现哪个具体内容，再由师生共同布置场景，让幼儿的制作都能呈现其中。

剪纸小人可以说是幼儿们对剪纸经验的回顾，再现了他们从小班到大班的剪纸经验，在今天的活动中，主要是要求幼儿剪出对称的人物造型。幼儿可通过尝试，剪出不同的人物，或运用多种折叠方法剪出数个人物。今天的剪纸活动看似比较简单，但对于大班孩子来说，这对他们的剪纸造型能力提出了一定的要求，他们需要通过一刀剪把头、身体、手臂、腿、脚，甚至是发型全部剪出来，因此，我特意增加了和幼儿共同讨论的环节，又按人物基本结构，分解剪纸步骤，帮助幼儿化解人物造型的难点，并启发幼儿的想象，让他们和同伴将共同剪好的内容贴在场景上。在后续的活动中，教师还可不断丰富场景内容。而在背景墙下举行毕业典礼，拍照留念，也是十分有意义的一件事。

在活动的过程中我也发现，面对"从折叠之后的一条中心线开始剪"这一步骤，有一部分孩子搞错了要对准的中心线，这个情况之前强调"不要把裤子剪破"时也出现过。操作策略上应先让他们知道裤子是不能剪破的，但是我没有强调"要照着这个中心线去剪"。所以孩子们剪的时候会找错中心线，虽然照着那个中心线，但是由于剪的是反方向，所以还是将裤子剪破了。活动当天有个小男孩的举动让我记忆非常深刻。他一剪剪到头之后打开来发现，人物的头是分开的，他发现自己不对，马上举手了，这引发了之后大家一起思考、讨论，以及再一次尝试。这男孩还发现利用之前剪错的那张纸，可以剪一个比较矮的"小弟弟"，他马上剪了一个"小弟弟"，然后第二遍他剪了一个"大哥哥"，他速度非常快。另外，这活动还需要孩子积累非常多的对称剪的经验。比如，第二个小朋友说他要剪一个溜冰的形象，然后他也是剪得很快，因为前面有了示范，但当他剪到一双溜冰鞋的时候，他并没有借鉴对称剪的方法去剪一双溜冰鞋，而是一个一个地剪，导致其大小不一致。所以对称剪对孩子来说需要有一个经验积累的过程，才能够灵活应用。

第二点，在过程中我还引导他们在剪纸时别浪费，那些剪下来的碎纸可以帮助他们剪出几个附件，同时也可以培养孩子节约环保的意识。

第三，孩子在剪的时候都非常地认真，而我忽略了和他们互动，单方面的提问较多。比如，在草坪上玩的时候，孩子们都是个别活动的，我应该用以下这些问题去引导：你接着去草地上做什么？你想和谁玩什么？这样的话，我们去户外玩的时候，小朋友就不会是独自一个人玩，而是和大家在一起玩了。

活动评析

今天这三个活动都是很适合在活动区开展的活动,因为集体教学会有比较刚性的目标和40分钟的时间限制,而这三个活动都有做不好或做不完可以明天继续做,越做越想做,越做越精彩的特点。如果在活动区第一次进行尝试,教师可以先告知幼儿有这样一个新内容,让幼儿自愿参加,并让他们在教师的带领下尝试完成活动内容,之后可逐渐将活动推向更多的幼儿;即便是集体教学,也要考虑给幼儿在活动区不断尝试的机会,绝对不要把他们封闭在集体活动里。

这三个活动中两个是剪纸——"葫芦兄弟"、"美好的日子",一个是折纸——"青蛙跳水",这两种表现方式,既有区别又有联系,例如:剪纸中有很多不同的折纸方式,折纸中区分折边和对边对角的经验,在此就可得到充分运用。所以我想就剪纸和折纸讲讲怎样激发幼儿学习的热情,引导幼儿进入欲罢不能的学习状态。

一、学习热情在尝试纠正错误后的"再试一下"中:以中班剪纸"葫芦兄弟"为例

剪纸有沿轮廓剪和目测剪纸两种,我觉得更有创造性的是目测剪纸,中国民间剪纸和西方剪纸最大的不同就是运用了折纸和挖空的技术,呈现出强烈的装饰性。中班"葫芦兄弟"采用的是对折剪纸,大班"美好的日子"也是。

对称剪葫芦娃就是通常所说的半个变一个,很多幼儿都会面临一个变两个半个的挫折,其中分清折边是关键,但是不同的图像对折边的解释不尽相同,在葫芦娃中折边就是葫芦娃的肚子,把肚子剪开就变成了葫芦瓢。这个在成人看来很简单的问题,对幼儿的空间想象能力却是一种挑战,我们要允许幼儿剪错,关键是剪错以后必须引导他们思考错的原因,然后鼓励他们再试一下。思考后再尝试,直到剪出自己所需要的图像,就是爆发学习热情的根源,剪葫芦娃是这样,上次的剪鱼也是这样,我们会真真切切地看到幼儿的喜悦和欲罢不能。

二、学习热情在找到解决问题的办法中:以大班折纸"青蛙跳水"为例

大班折纸"青蛙跳水"的难点是出现了两个面对面的双三角,按照以往的教学思维,教师会直接告诉幼儿该用哪一种折法,也许幼儿不花多少时间也就能折出青蛙来。但在今天的活动中,教师没有这样做,而是引导幼儿回忆以前学过的两种不同的折双三角的方法,然后启发幼儿自己去尝试折叠,作出判断。我们看到幼儿折了又折,突然发现中班学过的方法

优于大班，这种发现带来的兴奋就是对自己能力的肯定："不是老师教我的，是我自己学会的。"这种教学法虽然看起来比直接传授花费的时间会多一些，但是让幼儿体验到了学习的乐趣。

三、学习热情在没有标准答案的探索中：以大班剪纸"美好的日子"为例

在"葫芦兄弟"中，葫芦的图像由上下两个图形组成，它们在大小上、挖空的手法上有些变化，经过对对象的不断观察和尝试不同的折叠剪纸方法，幼儿想象创造的空间就会不断扩大。我曾在一所幼儿园就看到过一位幼儿在挑战用折叠的方法剪一头牛，当然不是很逼真，但很有形式感，他的挑战带动了许多小伙伴。在大班"美好的日子"活动中幼儿会发现剪纸过程中一切皆有可能，这些不确定的"可能"就成了幼儿在尝试中寻找成就感的动力。这也是在活动区里幼儿的剪纸会一天比一天进步的原因，相信明天"美好的日子"活动中会出现比今天更精巧，更生动、更多样的剪纸图像，而不是不断重复的老花样。

剪纸是这样，折纸也是这样，例如"青蛙跳水"中也有很多不确定因素，表现在怎样让青蛙跳得高蹦得远上，它与纸的硬度、折叠时的角度、弹跳时手指的力度都有密切的关系。在开展这个活动时，许多家长也一同参与，与幼儿进行比赛，他们也都玩得十分投入，乐此不疲。

（李慰宜）

主题研讨

美术活动中的教与学

（主讲人：江　萍）

美术是一种以视觉表现为特征的艺术活动。当前在幼儿美术活动教学中，美术表现方法是一个十分敏感又必须面对的问题，教师必须本着一切为了幼儿发展的宗旨，探讨如何用最有智慧和最具艺术感的教学方式将美术的表现方法渗透其中。

一、美术中的"教"应以适合幼儿的发展形态为要旨

无论开展何种活动，在准备时首先要探讨的是幼儿的现状，即备课先备幼儿。教师应关注幼儿的年龄特点和现有经验，身体力行地实践体会一下，要做一条贴近幼儿的毛毛虫，而不是看似炫目实质距幼儿甚远的蝴蝶。

1. 美术教学内容

我们认为，美术教学内容一定要来源于幼儿熟悉的生活，又要有适当的新颖度足以引起幼儿的好奇心，应选择最接近幼儿兴趣点、兴奋点的内容，以激发起幼儿表现自己的想象以及探索的欲望。

举例参考：如机器人，幼儿好奇的不是机器人的外形，而是机器人和人类有什么不一样，它们究竟能为我们做什么。他们希望用已有的经验去探索机器人，在幼儿园，他们观摩了机器人消防演习，观摩了机器人寻找黑匣子，便有了请机器人帮忙解决人类所面临的困难的概念。

2. 美术教学的表现方法

我们认为美术教学的表现方法要符合幼儿现有的观察、思维和动作水平，要能吸引幼儿运用已有的经验主动进行新的尝试。

小班幼儿具有无意注意下表象零碎、思维跳跃无条理、动作不协调等特征。

在美术活动"小草快快长"中，幼儿会发现花朵圆圆的，有花蕊有花瓣，有很多颜色，真好看。但他们对花朵的表达是圆形加线条，而且今天用这种方式表达花明天用其

表达棒棒糖、拨浪鼓,思维不稳定。

中班幼儿:有意注意开始发展,开始能有目的地观察客观事物,发现它们形和色的外部特征,动作的力度明显增强。美术活动"数数花瓣知多少"就是让幼儿从分辨花瓣的多少来发现花朵的不同形状,从而使他们感受花朵的明显特征。

大班幼儿:思维的条理性开始发展,观察伴随着更多的思考,动作已不是表现的主要障碍。美术活动"花开花落"让他们发现花卉有不同的品种和含义,同一种花有不同形状和颜色。作画时开始思考步骤,此时,教师可引导他们运用逻辑思维探索"奇花异草"。

二、美术活动中的教与学的策略

在了解幼儿的现有经验、认识水平、个别差异的基础上,教师可以创设问题情境,提供探索机会,鼓励幼儿用自己的能力解决问题,推动幼儿在原有的基础上有所提高。教师要将培养幼儿的创造力和个性表达当作重要的教学目标,切忌向幼儿直接教授美术表现方法或直接提供范本,因为这样将导致学生的模仿行为。教师的责任是创设教学情境和提供学习材料,只有当幼儿主动需要技术帮助时,教师才可以给予指导,这样才能最大限度地保护幼儿学习的主动性和积极性。

1. 引导学生在探索活动中发现美术的表现方法

教师宜将美术表现方法以一种问题形态融入教学活动。经老师引导,幼儿能通过探索,自己发现美术表现方法。例如在"不起眼的小石头"活动中,幼儿需要探索如何将石头与各种材料组合来创造石头墙,在这个过程中,教师需帮助幼儿对普通的小石子进行探索、想象、创造,将它们变成城市建设中不可缺少的一部分。老师可采用以下步骤:(1)让幼儿观察——刺猬的什么地方是由小石头组成的?通过观察幼儿发现动物的各部位如果与石子的大小、形状相近便可以用石子去替代。这个发现会让幼儿感到惊奇,他们向往有这样的机会去尝试。(2)引导幼儿思考——小石头想变汽车,它能变成汽车的哪一部分?这是一个符合幼儿生活经验的假设,他们可以通过回忆想象,在"汽车"中找到适合小石子的位置。(3)教会幼儿创造——蜡笔可以帮它添上什么?让幼儿由石子逐步展开想象,边想边画直至创造出汽车完整的外形。大班幼儿的想象力开始萌芽,抽象逻辑思维初露端倪,他们积累了大量有关石头的丰富经验,对探索石头的用途充满好奇和兴趣,他们的作品中所涉及的想象的点让我们自叹不如,他们创造的画面精彩纷呈。

2. 让幼儿在情景中理解美术的表现方法

将美术表现方法融入教学情境中的具体事物、具体情节,以情节发展、角色需要向幼儿提要求,引发他们用生活中已有的经验解释美术表现方法、理解美术表现方法。例如教学生画圆涂色。在"吃火锅"的情景中,老师成了厨师长,"点火"的情节用"谁的炉火最旺"来激励幼儿将颜色涂满涂深;用"把食物放进锅里去煮一煮"来提示幼儿选用与食物相近的颜色,将食物图形的颜色涂满。情境中,幼儿非常投入、认真,不仅涂出了漂亮的食物,而且极富创意。角色语言的提示使幼儿更具体地理解了美术表现方法的操作;角色体验使美术表现方法的学习富有趣味,让幼儿打心眼里喜欢,并愿意为完成情景积极努力、不辞辛苦地涂和画。

3. 关注幼儿已有经验与新经验的对接

教学是一个追随幼儿发展,并持续推动幼儿发展的过程。教师在教学的过程中必须遵循已有经验与新经验对接的原则,对幼儿现有状态保持一定的敏感度,激发幼儿主动探索的兴趣,并让幼儿在获得成功体验的过程中,体会到学习的乐趣。应避免将一个个艺术表现方法孤立起来,使之凌驾于内容之上或采取一板一眼满堂灌的做法。

举例:剪纸

小班:幼儿能熟练使用剪刀,但基本上以剪直线为主,可以通过活动逐步教会幼儿从用剪刀剪小段到连续剪,在"五彩饭"、"喂小兔"、"下雪了"、"八宝饭"、"乘地铁"、"长寿面"、"小草快快长"、"许多小鱼又来了"、"好朋友"等活动中都有使用剪刀的剪纸环节,通过这些活动,可使幼儿初步掌握使用剪刀的方法。

中班:增加了沿轮廓剪和用目测的方法对折剪纸的内容,在"小时候用过的东西"、"葫芦兄弟"、"秋叶飘飘不怕冷的雪松"、"绿叶花环"、"雪花飘飘"、"挂灯笼"、"小鸟和大树"、"放风筝"、"一寸虫"等活动均有运用。经过不断地尝试,幼儿已能较为熟练地沿轮廓剪下各种图像，并初步掌握运用目测剪纸剪出简单的对称图像的方法。目测剪纸，是想象创造的开始。

大班：运用不同的步骤进行目测剪纸，剪出各种图像。如"来来往往的车"、"春节的祝福"、"红灯闪闪亮"、"老鼠嫁女儿"、"在一起"等活动，无论是剪出单个对称或不对称的图像，还是剪出多个连接的图像，都伴随着幼儿的细致观察和将之转换成剪纸步骤的思考。

教学任何一种表现方法，都必须在幼儿的年龄特点和已有经验的基础上分解难点，使幼儿有可能养成自主学习的能力。

例如：大班毛笔画，就是在分析了毛笔画的用笔和把握水分等方面的适宜性后，安排在大班进行的教学活动。使用幼儿已熟悉的炫彩棒替代毛笔，先分解难点，运用一个个问题引导幼儿思考、尝试，通过"池塘"、"小蝌蚪找妈妈"、"民间游戏大家玩"等一系列活动，让幼儿在探索中逐步积累经验，形成自己的认识。

教师应从幼儿的现状出发，时时分析幼儿已经积累了哪些经验，正在形成哪些经验，怎样利用适度新颖的问题，引导幼儿运用已有的经验去尝试获得新的认识。

三、师生在教与学的双向互动中，应最大限度地调动幼儿自主学习的积极性

美术活动是一个动态发展的过程，教师不但要关注幼儿的年龄特点和现有经验，更要关注活动中的幼儿，从他们的言语、表情、动作中捕捉惊喜、迷惑、诧异、迟疑，以判断幼儿对学习内容的感受和理解程度，及时调整教学的难易程度与方式，用美丽的画面、智慧的语言、具体的情景、耐心的等待、巧妙的提问及时调动他们的相关经验，使所教内容最大程度地贴近幼儿的现有水平、认知特点，力求用最简单的教学方法去挖掘幼儿真实的感受，使幼儿进入纯真自然的学习状态。

1. 启发多一些，结论少一些——突出创造的要点，精心设计美术活动中的提问

我们面对的是不同水平的幼儿，提问的落点要低，提问的语言要具体形象，要能引导幼儿具体地展开思考，这样才能让不同层次的幼儿都有发挥的机会。要给予幼儿充分想象的空间，让拥有不同水平、不同天赋、不同经验的幼儿都有展开想象的基点，要启

发幼儿打开思路充分想象，并给予他们充分思考的时间。教师的作用是根据幼儿的回答，判断他们想象的着落点，及时调整自己的追问，使他们的想象在一定的时间内最大限度地展开，同时能聚合在活动目标周围，切忌因怕幼儿不按自己思路走，而过早地给予结论。过早地给予结论等于用教师的思考替代幼儿的想象，等于关上了幼儿思考的大门。例如在"不起眼的小石头"活动中，在幼儿创作时如何提问特别重要。有老师提问："你想让小石头变成什么？"这把幼儿思考的点落到美术表现方法上，幼儿一下子蒙了。第二次活动时，老师将提问内容改为："你今天想画什么？小石头可以成为画中的哪一个部分？"效果就好很多。提问从具体的内容出发，可以调动幼儿已有的经验，幼儿的想象可以从自己的角度向不同的方向发散，他们有自己的话可讲，有自己的内容可画，绘画表达的空间就更宽阔了。

2. 观察多一些，干涉少一些——充分观察思考，按幼儿的真正需要给予帮助

处在美术创造活动中的幼儿，每个人都是小宇宙，在教师创设的充满创意的环境中，同样的美术感受、美术认识、美术启迪会在不同状态的幼儿身上出现不同的反应。如何判断他们对美的感受处于何种层次，对美术表现方法的理解到达了哪种程度，怎样知道哪些幼儿对美术表现方法已经了然于心，哪些还需要教师帮忙梳理，哪些还茫茫然不知所云，需要老师个别重点讲解，这些都是需要教师关注的问题。教师要做全身心投入的观察者，从幼儿落笔的迟疑与果断，线条的流畅与犹豫，从幼儿的画面上物体的大小，布局的局促和松弛，从他们的表情与行为中，寻找到他们认识的困惑和操作的困难，进而分析他们困惑的原因，判断出哪些问题他们通过自己的努力能解决，哪些问题幼儿自身无法逾越，教师应该选择怎样的机会介入。对于这些问题教师都要有策略，要以非常尊重的态度，有智慧地给予幼儿恰到好处的帮助、支持，切忌以自己的猜测来替代观察，给幼儿的创造造成干扰。例如在大班"春天的小池塘"活动中，幼儿不知道如何用水与炫彩棒调出深浅不同的颜色，老师有些着急，很想把控制水分的方法直接告诉幼儿，我在默默观察之后，采用幼儿自助和同伴他助的方法帮助老师解决了这个问题。有些幼儿爱探索思考，只是一下子找不着有效的方法，老师可以通过提问的方法帮助他们

找到问题的关键,让幼儿自己感受画面上深浅不一的笔墨的来源,经过思考判断,找到方法。有的幼儿比较自我,我就建议他们向同伴学一学问一问,使他们有所领悟。这种"懂"不是模仿,不是听命于人,是他们凭借自己的能力,做到的真正意义上的"懂"。

3. 点拨多一些,示范少一些

幼儿注意力稳定的时间有限,活动开始时有关艺术表现的讨论切忌面面俱到,面面俱到会导致最后面面都不及。教师要找到美术创造中需要幼儿解决的难点,对难点进行解析,用点拨的方法让幼儿找到解决困难的方法,然后启发他们用自己的方式去解决类似的问题。我们设法减少一板一眼的示范和一一对应的范例,这种对号入座的方式仅仅能解决一个活动的问题,对幼儿来说它是只能暂时果腹的鱼,而点拨可以激发幼儿现有的和潜在的能力,为他们编织一张持续发展的网。例如在任务体验"三羊开泰"中,幼儿开始会将物体的前后关系表现为画面中位置的上下,"前面的物体会遮住后面的物体"这一点在画面中会被幼儿忽略。于是我请一位幼儿站在我面前,引导大家进行观察:"谁在前?谁在后?谁把谁遮住了?"直观地让幼儿领会前后关系,幼儿一下子茅塞顿开。经过不断地探索,这一方法成为很多幼儿表现丰富画面内容的手段。如果用直接示范的方式,幼儿只能依葫芦画瓢,而无法迁移应用。

4. 鼓励多一些,否定少一些——任何时候否定的话不要轻易说出口

美术创造活动中,每一个教师都期待幼儿的表现能达到预期的教学目标,出现预想的结果。但幼儿是发展着的个体,他们在创造的过程中会出现懵懂以及暂时的停顿,那是幼儿成长中必然会出现的状态,处在这种状态中的幼儿会因为受到负面的评价甚至指责而丧失信心。教师的鼓励、理解和信任会给他们带来继续前进的动力。处于美术创造状态中的幼儿,常常会表现出超越常规的行为和表现方式,教师要有开放的心态,善于透过现象看本质,从理解接受的角度抽取幼儿行为中的创造因素,用鼓励给予他们进一步创造的信心,用启发给予他们继续创造的动力。如果教师能坚持这样做,创造会成为幼儿的常态行为。在进行教育评价时我们很容易认可充满美感的优秀作品,而那些超越常规审美标准的作品,有时不容易被接受,对这样的作品我们要多一

些了解，多一些鼓励。有的幼儿不敢创造，我们可以从他拘谨的画面，战战兢兢的笔触中发现他的犹豫，我们的鼓励将成为他继续创造的精神支柱。有的作品另类、超常，超越常规是需要勇气的，特别是对年幼的幼儿来说。能创作出这类作品的幼儿通常有过人的精力，我们的鼓励会让他们将注意力集中在艺术创造中，从而表现出超一般的作为。我们的鼓励不是单薄的、概念化的"真好"、"真棒"、"真行"，而是因景因人而异、富有个性、智慧的赞扬和指导，这样的鼓励能给予幼儿心灵的抚慰，能给予他们点拨和启发。

▶ 任务体验 TASK

神奇的小石子

1. 观察取名：出示四宫格两张

要求：起名字

思考：怎样的命名更符合幼儿的视角，更容易开阔幼儿的视野？

例1：动物宝宝——动物宝宝醒来了——万物都醒来了（以醒来为主题，突出了春季的特征，万物都醒来了涵盖了所有的生命，开阔了视野）。

例2：天空——看谁飞得高——飞呀飞（将名词"天空"变为动词"飞"，将内容从比高低变为寻找飞起来的现象，命题范围从逐步缩小变为逐步放大）。

2. 操作：创作石头画：如何将两张四宫格变成九宫格

要求：

（1）按"边走边看"的命题拼画一张九宫格石头画。

（2）按石头画的某一幅或某几幅画面设想新命题。

第五讲

主题课程中

美术活动设计

的探讨

本讲从两个活动区课例切入，拓展展示了小、中、大班各种活动区的做法，分享了相关经验，并详细用"同课异构"的方式介绍了集体教学活动和活动区活动的关系，活动设计和处理方法的不同等等。

活动 5-1　睡莲朵朵开（大班活动区）
执教　　韩兴珏

活动要求···

1. 重现睡莲花开的情景,进一步感受自然界的美丽。

2. 掌握折剪多片花瓣的方法,体验自制睡莲的乐趣。

活动环境···

1. 睡莲开放的视频和睡莲花的照片。

2. 盛水的大盆。

活动材料···

1. 正方形水彩纸或打印纸。

2. 水笔、油画棒、剪刀。

活动流程···

1. 欣赏睡莲,分辨睡莲花的颜色和花瓣的数目。

2. 剪花瓣:四瓣花变八瓣花;探索三瓣花变六瓣花、五瓣花变十瓣花的方法。

3. 选择相应的油画棒在花的背面涂上颜色。

4. 在花蕊中画一位想象中的花仙子。

5. 合拢花瓣(合不拢时可开几刀),把仙子全部盖住。

6. 玩一玩睡莲花开的游戏:

(1) 把睡莲轻轻地放进"池塘"里;

(2) 观察睡莲花开,每一朵花开时,立即说出里面住着哪一位花仙子;

(3) 最后盛开的一朵睡莲为花仙子。

观察与引导

1. 运用哪些折叠剪纸的方法可以剪出多瓣花? 鼓励幼儿改变剪法,尝试剪出奇数花瓣。

2. 选择谁当花仙子,启发幼儿发挥想象,鼓励其独特的创意。

3. 观察在睡莲花开放时存在哪些问题,怎样调整。

延续

1. 改变睡莲的数量或颜色,例如:同样数量的花瓣颜色不同等;

2. 评选出独一无二的花仙子。

自评

这个活动区活动是大班"春夏秋冬"主题下的二级主题"四季的树和花"中的一个内容。随着天气渐渐暖和,幼儿熟悉了许多常见的花卉,在接近夏季的时刻,更加喜爱池塘里的各色睡莲。为此,我们在活动区开展了睡莲花开的游戏,通过折剪涂色,自制睡莲,模拟睡莲的开放,进一步使幼儿萌发观察了解周围各种花卉的兴趣。

这个活动除了由幼儿自选颜色并按自己的想象画上花仙子、自由发现创造以外,怎样折剪出花瓣数量不同的睡莲是本次活动探索的重点。

从大班幼儿已经具备的运用一折四的方法剪出四瓣花或八瓣花的经验出发,教师可把探索的重点放在怎样把四瓣花变成三瓣花,启发幼儿联系已有经验进行推理,从而发现对折中留出一角这一关键点,再通过由三瓣花层层剖析推理折剪出六瓣花或十二瓣花。教师通过越折越多到逐一打开的动作演示,使幼儿清晰地看到折叠与验证的过程,渐渐悟出其中的诀窍。

这是一个新的尝试,当然,不是仅靠一个活动就可以帮助每个孩子解决问题。这次尝试是让孩子们学习逻辑推理的方法,也为他们互帮互学、自主实践创造了有利条件。以后,幼儿可在理解这一方法的基础上,进一步推理,发现如何将三瓣花变为五瓣花,以及如何折剪出十瓣花或二十瓣花的方法。

最后在睡莲花开的环节中，等待花仙子的出现，是最激动人心的时刻。孩子们充满了好奇、期待和兴奋，花仙子的出现也会让孩子们产生再次实践的愿望。这次活动仅仅是开始，以后，在其他美术活动区，幼儿可以探索更多的折剪方法，探究不同纸张对开花速度的影响，还可以观察不同涂色工具对开花会产生何种影响……这样孩子们会在探索发现的过程中玩出智慧，也会越来越喜欢这样的美术活动。

活动展示

活动 5-2　奇花异草（大班活动区）
执教　　张晨华

活动要求

1. 分辨常见花卉的特征，发现不同的形和色所表现的美感。

2. 愿意学做园丁不断培育新品种，按自己的想象表现新品种的花卉。

活动准备

1. 四季花卉、花语、插花欣赏图片若干。

2. 各种插花工具材料，如花器（花泥）、干花（情人草、满天星、大叶植物等），以便幼儿尝试用各种仿真花，模拟插花活动。

活动材料

1. 幼儿日常运用仿真花和折纸花（康乃馨、百合花、郁金香）完成的插花作品；

2. 绿色木棍、彩泥、泥工制作的小工具。

活动流程

1. 确定制作的花卉品种：按准备制作的花朵大小选择木棍和彩泥。

2. 观察对照花朵，想象怎样变化才能培育出新品种的花卉。

3. 运用彩泥塑制作小工具。

4. 将干花和仿真绿叶插进花器。

5. 调整插花作品，使造型更令人满意。

观察与引导

1. 讨论怎样能够培育新品种（颜色、形状、花瓣的数量变化等）。

2. 观察幼儿是否按照选定的品种展开设想。

3. 边操作边观察,幼儿每一步是用了哪些方法使花儿变得更美丽。

4. 插入新品种的花朵后可以调整作品,引导幼儿关注作品中花朵的数量、大小及摆放的位置。

延续

1. 不断替换各种品种的花卉,可以借鉴不同的艺术家作品,鼓励幼儿进一步创作新品种、新样式的插花作品。

2. 不断寻找新品种最特别的地方,说说哪些插花最好看,它们是怎么插成的。

3. 将作品放置在幼儿园各处,装点环境。

自　评

今天我施教的"奇花异草"活动其实跟活动5-1一样,都是在"四季的树和花"这个主题内容下展开的。在活动过程中,孩子们不仅了解了四季的花,而且也开始关注花语。为迎接母亲节,我设计了用折纸的方法给妈妈送一朵花的活动。孩子们已经掌握了各种各样的花的艺术展现方式,今天折的三朵花中,康乃馨、郁金香均以折双正方形为基础;而百合花是在双正方形的基础上进一步往里推,变成双菱形。在用纸折花的制作过程中,他们开始逐渐发现其实周围不仅有一朵朵折出来的花,还有各种各样的插花作品。所以就可以进一步来开展插花活动。

我抓住了这个契机,和孩子们一起来讨论怎样进行插花。我在教室里布置了很多花,还给孩子们展示了一些图片和作品,让他们在欣赏这些图片和作品的时候,思考这些花是怎么插成的,看一看它们的颜色是什么,数一数有多少花,想一想花的不同位置。在此,或许有的老师会奇怪,为什么用数的方法?其实数的方法并不是让孩子去关注这些数字,而是通过数这些花的数量让他们去感受这些花朵的高矮、颜色、大小和品种。讲到用数字这个方法,可以联系本书之前介绍的"数数花瓣知多少"活动。这个活动同样也是用到了数数,但是让中班孩子数数是数一朵花里面花瓣有几瓣,主要目的是让孩子们去关注花、去仔细地观察花。而到了大班我们再来数花时,应更多地去关注花与花之间的关系,这时思维的角度会更广。

在该活动中，因为大班的孩子要运用折纸和泥工的方法来插花，所以我还提供了一些仿真的野花和绿色的植物以作为点缀。在这一过程中，我看到孩子们在插花时没有一味地去模仿，或者是直接照搬之前给他们赏析的图片中的做法，而是在欣赏的基础上创造性地进行插花。正因为孩子们欣赏了图片后，在老师的引导下发现了其中的一些规律，他们才能用自己的理解和方法完成形形色色的插花作品。由此可以看出，插花与观察是有关系的。而后面装饰的这些绿叶也跟他们的欣赏有关系，最可贵的一点就是他们不全模仿，这是孩子的创造性表现。

到了这里，我们是不是还能进一步给幼儿提供创造的空间。今天的开发新品种活动，也就是我们教材中的"奇花异草"活动，给了孩子们更多的创作机会。在我们的生活中，每年都有各种各样的新品种的花出现，记得以前我小时候是一支康乃馨上面一朵花，可是这几年开始你们会看到多头的康乃馨出现了，颜色会越来越多，我们知道的花的品种也越来越多。那么既然生活中的花是这样的千变万化，我们的孩子当然也可以来开发无数的新品种，这给了他们更多的创造机会。这里需要请老师注意的就是，必须让孩子们在观察真花的基础上进行创造，而不是摒弃从前已有的花，所有的创造都应源于孩子对原来的花的一些关注和认识。

所以今天在孩子们的这些创造中，你会看到孩子的每一个创造都与他之前对花的喜爱，对花的一些观察和认识有密切的关系。活动最后，要让孩子感受到现在他们每天可以培育出不同的新品种的花，花的样子可以变，插花的方法也可以变；让他们知道可以通过不停改变自己的表现方法，插出各种不同的花，从而使他们越来越喜欢参与到这样的制作和插花的活动中来。

活动评析

一、两个活动评析

（一）大班活动区"睡莲朵朵开"评析——给幼儿创造探索的机会

春末夏初的时节睡莲盛开，幼儿经常会在许多池塘里看到不同颜色的睡莲，可能还会了解到睡莲花每天清晨迎着太阳展开的习性。此时，我们设计了美术活动区"睡莲朵朵开"的活动，试图通过让幼儿制作和模拟睡莲花开的情景，进一步引起幼儿观察大自然的兴趣。

制作睡莲花由折剪出睡莲花、为睡莲花涂色和画上花仙子三个部分组成。活动前，我们回顾了幼儿剪纸的经验，发现经过多次活动他们已经能比较自如地运用一折四或一折八的方法剪出四瓣花或八瓣花，于是我们想幼儿是不是可以在此基础上尝试剪六瓣花或十二瓣花呢？要剪六瓣花首先会碰到一折三这一并不对称的折叠方法。我们找来许多折纸书，书里面虽然也有类似的折叠教程，例如：折六瓣雪花、五角星等，但是，大都只有步骤图，幼儿只能按步骤图反复操作记背来完成折叠，没有给幼儿留出创造探索的机会。于是在这次活动中，我们采取提问的方式，向幼儿提出怎样把四瓣花变为三瓣花的问题，引导幼儿在和教师共同操作时发现可以通过对折后移动一角，将花瓣数由偶数变成奇数。用幼儿的话解释为一瓣变两瓣、移动一瓣，两瓣加一瓣就是三瓣。虽然用这样的方法折出的三瓣花或五瓣花的花瓣时常会有大有小，不像按书上指定步骤折的那样对称，但是，它使幼儿可以联系以往的折叠经验，经过推理悟出新的方法。幼儿可以通过自己的尝试进一步折叠不同的奇数花瓣，经过这种尝试，即便是幼儿以前认为很难折的五角星，现在也能轻松折出了，这样就把死的办法变成了活的探索发现。

在第一次尝试中，我们并没有要求每位幼儿都折叠单数的睡莲，因此可以看到他们折叠的睡莲花瓣有多有少，品种繁多，可是已经有几位幼儿自己摸索着折出了六瓣睡莲，那这些幼儿就可以在活动区当小老师，让更多的幼儿一起参与尝试。

"谁是花仙子"环节是本次活动的高潮，当幼儿将各自的睡莲放入水中以后，谁也无法确定究竟哪一朵花最后开放，这就使每位幼儿都聚精会神地观察每一朵花的盛开，并随之发出阵阵惊呼。本次活动产生的花仙子，也不一定会是下一次活动的花仙子，这也就让幼儿在一次次充满悬念的活动中玩出智慧。

（二）"奇花异草"评析——艺术创造不是空穴来风

"奇花异草"活动是在让幼儿观察了各种花卉后，进一步让他们运用多种方式对花卉加以表现，并尝试运用立体塑造的方式，表达自己想象的艺术创造活动。在活动前我们对幼儿的认知经验和艺术表现能力进行了分析，以便引导幼儿在活动中充分巩固、利用已有经验，并在此基础上适时地对其加以推动。

1. 幼儿已有的认知经验和艺术表现能力分析

（1）认知经验

1）认识并喜欢许多常见的花卉，能区分它们生长的季节。

2）欣赏过各艺术家创作的花卉和插花作品。

（2）已有的艺术表现经验

1）用记录的方式表现观察到的四季花。

2）借鉴花展的插花照片，尝试用各种仿真花模拟插花活动。

3）能运用彩泥进行整体平面塑形（如母鸡散步）。

2. 本次活动中，我们在以下两个方面进行了适时推动

（1）认知经验

1）通过引导幼儿回忆，再现观察印象，使其在发展观察力的同时发展有意记忆，更新和储存更多的花卉表象，使之变成在各种活动中可以被自如运用的资源。

2）表现奇花异草既不是重复表现已有的花卉造型，也不是毫无根据地胡思乱想，而是对已有花卉在颜色、造型、数量和大小等方面展开想象，使想象变得有根有据、丰富多彩。

（2）艺术表现

1）由原来的整体平面造型发展为立体造型，即由原先用以表现一个面为主的塑形，发展为表现观察到的不同角度的立体塑形。

2）就泥工塑形方法而言，由表现主要特征发展为表现更多的特征。动作也从以手掌与手指为主的团、搓、压，加入了拉、拍、折边、捏等，而且更多地运用了指尖。

在塑造彩泥花朵时，曾发生过这样一个真实的故事：一天，来了一位小姐姐，看见小朋友在用泥塑做花，便立刻加入其中。小姐姐很熟练地做出一朵栩栩如生的玫瑰花，引得幼儿纷纷仿效，顿时出现了玫瑰花热，小姐姐好不得意。可是有几位幼儿怎么也做不好玫瑰花有点

丧气，老师安慰说："不是所有的花都是玫瑰花，说不定你们做的这些花正是园丁开发的新品种呢！"老师的一席话使这些孩子重新燃起了兴趣，各式稚嫩而奇特的花朵渐渐增多。做玫瑰花的小朋友也开始觉得不断重复做一种花很乏味，刚才还很得意的小姐姐也没了劲，于是人人都参与到了做奇花异草的队伍。后来老师送给每个人一只蝴蝶，蝴蝶飞进花丛中，甚是好看。小姐姐看着自己的新作品说："我的玫瑰就像奶油蛋糕上的花朵，没啥稀奇，还是奇花异草好看。"

从这个事例中，我们更进一步悟出了在知识、技能和创造中孰轻孰重，知识技能是支持幼儿创造表现必不可少的条件，但不可为一时的作品效果妨碍幼儿的创造性表现，这样会使幼儿丧失创造的火花，这是应引起我们警惕的。

二、活动区展示

小班——"吸尘器"、"打电话"、"做面条"、"乘地铁"等活动。

中班——"开饭"、"吃点心"、"小花园"、"放风筝"、"动物园和饲养场"等活动。

大班——"机器人地震救援"、"海底探测"、"绿草地"、"插花篮"、"我的梦想"等活动。

三、活动区展示的评析

今天展示的活动区活动，很多内容都在之前几次培训中出现过，例如：小班的"吸尘器"、"打电话"活动，中班的"开饭"、"小花园"、"饲养场"活动，大班的"机器人地震救援"、"海底探测"、"我的梦想"活动。时隔一个月左右，这些活动又都有了不少的变化和发展，其原因归结为以下三点：

（一）情景的因素

今天的活动我们可以看到更为丰富多样的场景，包括再现幼儿的生活内容，再现幼儿已有的经验，以及还原并经过了美化的模拟情景。情景化的环境容易使幼儿沉浸其中，是激发其艺术表现动机的源泉。

以中班活动区为例：在"开饭"活动区，电冰箱里既有幼儿熟悉的蔬菜又有时令蔬菜，厨房墙壁上粘贴着幼儿园的菜谱，还有幼儿从家里带来的菜谱，厨房里还有模拟的煤气灶和锅碗瓢盆，旁边还有桌椅、桌布和娃娃，这些情景和材料就是一位不说话的老师。在活动中陆续增加和丰富活动内容，可以使幼儿每天都不断表现出新的创意。

又如在"小花园"活动区，真实的盆花和仿真草坪共同构成了一个花园，我们还看到幼儿在"数数花瓣知多少的"活动中画的花朵就插在人造草坪中。在这一情景中,幼儿按照照片而画的花已经十分稀少,取而代之的是就在他们身边的各种盆花和仿真花;真花假花交错在一起,每天都变换着花型和排列方式,构成了一道道赏心悦目的亮丽风景。

（二）教师的因素

在活动区里,幼儿是活动的主体,教师退到幼儿的身后成为活动的观察者。观察者并不是冷眼旁观,而是要对幼儿的表现作出判断和回应,可以说教师和幼儿是学习的共同体。

以小班活动区为例:在"吸尘器"活动区,我们看到很多幼儿已能够按照一定的顺序摆放材料,少了些手忙脚乱,多了些有条不紊。在幼儿已经熟悉材料以后,我们会看到有的幼儿依次取放材料后,就坐在那里观望,不知还能做些什么,此时,教师就可按照每个房间的功能,引导幼儿回忆生活中的具体情景,并及时地为他们提供各种纸片和笔,让幼儿在涂涂画画中使每间屋子都"活"起来,例如:用对折的方法让很多物品站起来。每天都可以尝试新的玩法。

在"打电话"活动中也是如此,原来房子里大都住着小狗、小猫和兔子,一天,老师发现一位幼儿画了一只长颈鹿,虽然形象并不清楚,但老师向大家作了隆重介绍,还特地为班级买了长颈鹿玩具。从那以后教师就经常调换动物玩具,使幼儿乐于表现新的动物,并让它们住进动物新村。教师还要经常注意倾听幼儿的对话,邀请幼儿在同伴中表现不同的通话内容,以此提高幼儿的语言表达能力。

（三）学习的因素

我们要求每个活动区不但应创设富有趣味的情景,而且要能让幼儿在活动区中玩得起来,活动区情景化和游戏化的目的并不止步于让孩子玩得开心就好,而是要激发幼儿学习的积极性,使其在原有基础上有所收获。

以大班活动区为例:"机器人"活动区活动已不是原来的消防演习,幼儿在参观自然博物馆以后,玩起了"海底探测";结合新闻报道,又开展了"机器人地震救援"等活动。幼儿制作的机器人也从纸折的变为由多种废旧材料制作而成的。

在"我的梦想"活动区,就是在开展过"不起眼的小石头"活动之后,幼儿发现小石头又可拼贴又可替代涂色,功能多样,由此他们吸取了集体教学的活动经验,自定主题做成了"飞起来"、"叫醒了"、"在路上"等各种主题石头墙,在毕业前夕还做起了"我的梦想"石头墙,幼儿自主活动的能力得到了迅速提高。

主题研讨

主题课程中美术活动设计的探讨

（主讲人： 侯小燕）

一、三个关键问题

本次探讨从以下三个关键问题入手,并在此基础上介绍具体的解决策略。

1. 主题课程和学科课程中美术活动的差别

重表达还是重表现,是主题课程和学科课程的根本区别,学科课程中的美术活动以美术领域的表现方法为主线,内容是为方法服务的。主题课程中的美术活动是实现主题内容与要求的一个组成部分,一切表现形式与方法的运用都是为加深幼儿对内容的认识与情感服务的。同样的学习内容在两种不同的课程中表现为不同的教学过程和结果。

2. 探索让幼儿主动学习艺术表现技巧的有效方法

幼儿在前,教师在后——对幼儿的年龄特点、原有经验和个别差异作持续的观察分析,是一切教学的根本出发点。

教师必须推动幼儿的发展——适时提出适度新颖的任务,让幼儿有能力联系已有经验,主动解决新的问题,形成新的表现能力。将教与学看作前后连贯、相互推动、不断发展的过程。

3. 集体教学与活动区优势互补

集体教学是面向全体、时效性高的教学形式,活动区则有更大的自主性和探索性,教师应让它们发挥各自的长处,做到相辅相成。

二、以《一寸虫》为例,探讨幼儿美术活动设计的具体做法

（一）按照年龄特点确定主题内容与要求

各个年龄段的幼儿对鸟都十分感兴趣,培养幼儿热爱大自然,关注鸟的特征与习性,使他们萌发爱鸟、保护鸟类的情感,具有十分积极的现实意义。这一主旨在小中

大三班的主题活动中都反复出现过。教师可按照幼儿的年龄特点，提出不同的内容与要求。

小班——在"小花园"、"动物的花花衣"、"好朋友"等主题中反复出现过围绕这一话题展开的活动，例如："小猪的野餐"、"小鸟和大树"等。

内容与要求：

喜欢亲近各种常见的动物，分辨动物明显的特征。

中班——在主题"在动物园里"、"春天来了"中也有此类活动，例如："小鸟飞来了"、"大家不一样"等。

内容与要求：

"在动物园里"：观察了解动物的外形，关注它们不同的特征，比较异同，并愿意运用多种方式表达自己对动物的喜爱。

"春天来了"：了解春天是一个万物生长的季节，关注自然环境的不断变化，感受大自然美丽的景象，以各种方式表达自己的情感和体验。

大班——在主题"动物大世界"下的二级主题"不同的家园"、"学来的本领"和"我和动物是朋友"中都有鸟的身影。

内容与要求：

了解常见动物不同的特点及其与周围环境的关系，有进一步探索动物生活习性的愿望；了解人类可以从动物的一些特征中获得启发，进行发明创造；知道人类是动物的朋友，我们应该保护它们。

（二）选择教材，确定具体目标

分析故事《一寸虫》的核心价值

故事选择了幼儿较为熟悉，特征十分明显的鸟类，用富有悬念的情节与特写镜头般的画面凸显了鸟的主要特征，引导幼儿观察了解鸟的外形，关注它们不同的特征，并比较异同。为此我们认为这一图画书较为符合中班幼儿的年龄特点，故将其补充在"春天来了"这一主题所需的教材中。《一寸虫》与其他活动联系在一起，进一步提升了幼儿对春季季节特征的认识。

（三）集体教学活动设计

1. 确定具体目标

通过表现鸟类外形特征的明显差异，表达对鸟的喜爱之情。

2. 设计适度新颖的表现方法

（1）分析幼儿的观察水平

中班幼儿已能比较完整地观察某一对象的基本组成部分和主要特征，但尚不能关注其大小、粗细、位置等细节。

（2）确定表现方法

为适合中班幼儿的表达方式，可选择剪纸拼贴的方法，引导幼儿在进行局部观察后，将纸剪成鸟身体的各个部分，然后进行组合。这一方法不仅降低了表现鸟的难度，更为幼儿创造了自如表达的机会。

3. 准备材料

教师在提供纸的时候，应对其形状（方形还是圆形）、颜色（对比的颜色还是相似的颜色）和大小（同样大小还是不同大小）加以慎重考虑，所选材料既要能便于幼儿自由选择，又要能给幼儿充分的审美体验。

4. 提出思考讨论的问题

教师设计的问题必须符合幼儿的实际经验和思维水平，使幼儿有可能建立联想，并通过多渠道寻找线索。

5. 活动中教师该做什么

教师在活动中不是幼儿探索的旁观者，而是幼儿探索的支持者。设计活动时教师可以作一些有针对性的准备：

（1）从测量的方法入手确定表达意向：关注点不在于鸟的名称，而在于了解每一个幼儿准备测量鸟的哪个部位。

（2）不断发现幼儿在剪法和粘贴方法上的创造性表现：既要肯定一些幼儿在并不完

美的剪贴中的点滴创造，又要善于发现那些与教师预设不同的表现，不要轻易用对与不对来肯定或否定幼儿的表现。

（3）从测量开始，从测量结束：利用原始测量的材料（如：小棒），让幼儿量一量、说一说自己测量了鸟的哪个部位，这个部位长度多少，而不是让幼儿说说哪只鸟最好看、最特别。

（四）怎么让幼儿在活动区里玩起来

1. 利用幼儿作品（一般十张左右，定期调换）开展自然测量的游戏

玩法1. 用各种自然测量工具充当"一寸虫"，进行测量比较。

玩法2. 比较数只鸟同一部位谁最长。

2. 引发幼儿进一步探索的兴趣

《一寸虫》故事的结尾是夜莺要求量歌声，这会引发一个问题：声音可以量吗？如果可以，怎么量呢？教师要很慎重地对待这个问题，千万不要急于否定幼儿的回答。

附：

《一寸虫》故事大概：

有一天，一只饥饿的知更鸟看见了一条一寸虫，碧绿的像一小块祖母绿宝石，停在小树枝上。知更鸟正要一口吞掉它。

一寸虫哀求道："不要吃我。我是一寸虫。我很有用，我会量东西。"

"真的吗？"知更鸟说，"那你来量一量我的尾巴！"

"那容易。"一寸虫说，"一、二、三、四、五寸。"

"真的呀！"知更鸟说，"我的尾巴是五寸长！"然后，它载着一寸虫，飞去别处找其他也要量一量的鸟。

一寸虫量了火烈鸟的颈子，它量了巨嘴鸟的喙，苍鹭的脚，雉鸡的尾巴，还有蜂鸟的全身。

有一天早晨，夜莺遇见了一寸虫。"量我的歌。"夜莺说。

"我要怎么量歌呢？"一寸虫说，"我只量东西，不量歌。"

"量我的歌,要不然我把你当早点吃掉。"夜莺说。

于是,一寸虫想到了一个点子。"我愿意试一试。"它说,"开口唱吧!"

夜莺开口唱,一寸虫便开始动身量。它量啊量,量啊量……一寸又一寸……一直量到不见了踪影。

(活动教案)

中班美术活动: 一寸虫

一、活动目标

1. 通过表现鸟类外形特征的明显差异,表达对鸟的喜爱之情。

2. 尝试运用剪纸拼贴的方法创造各种鸟的造型。

二、活动材料

1. 三种大小不同、颜色深浅不同的圆形纸和长条纸、剪刀、固体胶。

2. 剪纸表现的树林背景、扭扭棒。

三、活动过程

1. 再现故事角色,观察它们各不相同的特征

(1) 故事《一寸虫》里有哪些鸟?它们叫什么名字?

(2) 它们请一寸虫量了自己身体的哪个部位?

(3) 除了以上部位,还有哪些地方也可以请一寸虫量一量呢?

2. 思考讨论

请鸟儿们都飞进树林,我们来当一寸虫,再来为它们量一量。

(1) 我们用哪些纸来做鸟,这些纸有什么不同?

(2) 圆纸片被手捏住的地方就是鸟的肚子,上面部分可以剪成鸟的什么部位呢?

(3) 教师在幼儿提示下操作,剪出鸟的头、背和尾部。

(4) 还有两张纸有什么用处?最长的地方用哪一张纸最好?剩下的纸有用吗?哪

些小的地方需要它们?

3. 创造表现

(1) 从量的部位入手确定幼儿的意愿: 准备为哪一只鸟量一量,量它的哪个部位。

(2) 对照鸟的外形,分别剪出各部位的特征。

(3) 鼓励幼儿夸张鸟的局部特征,不断发现他们在剪法和粘贴方法上的创造性表现。

4. 分享与交流

(1) 将自己剪成的鸟放进背景树林里。

(2) 利用原始测量材料(扭扭棒),量一量、说一说鸟的某一部位的长度,找出今天哪一种鸟尾巴上的羽毛、尖尖的嘴或头上的冠最长。

▶ 任务体验 TASK

一 寸 虫

请您也尝试设计一个 "一寸虫" 的活动。

些小的地方需要它们?

3. 创造表现

（1）从量的部位入手确定幼儿的意愿：准备为哪一只鸟量一量，量它的哪个部位。

（2）对照鸟的外形，分别剪出各部位的特征。

（3）鼓励幼儿夸张鸟的局部特征，不断发现他们在剪法和粘贴方法上的创造性表现。

4. 分享与交流

（1）将自己剪成的鸟放进背景树林里。

（2）利用原始测量材料（扭扭棒），量一量、说一说鸟的某一部位的长度，找出今天哪一种鸟尾巴上的羽毛、尖尖的嘴或头上的冠最长。

▶ 任务体验　TASK

一寸虫

请您也尝试设计一个"一寸虫"的活动。

看一看

扫一扫二维码
获取任务操作提示